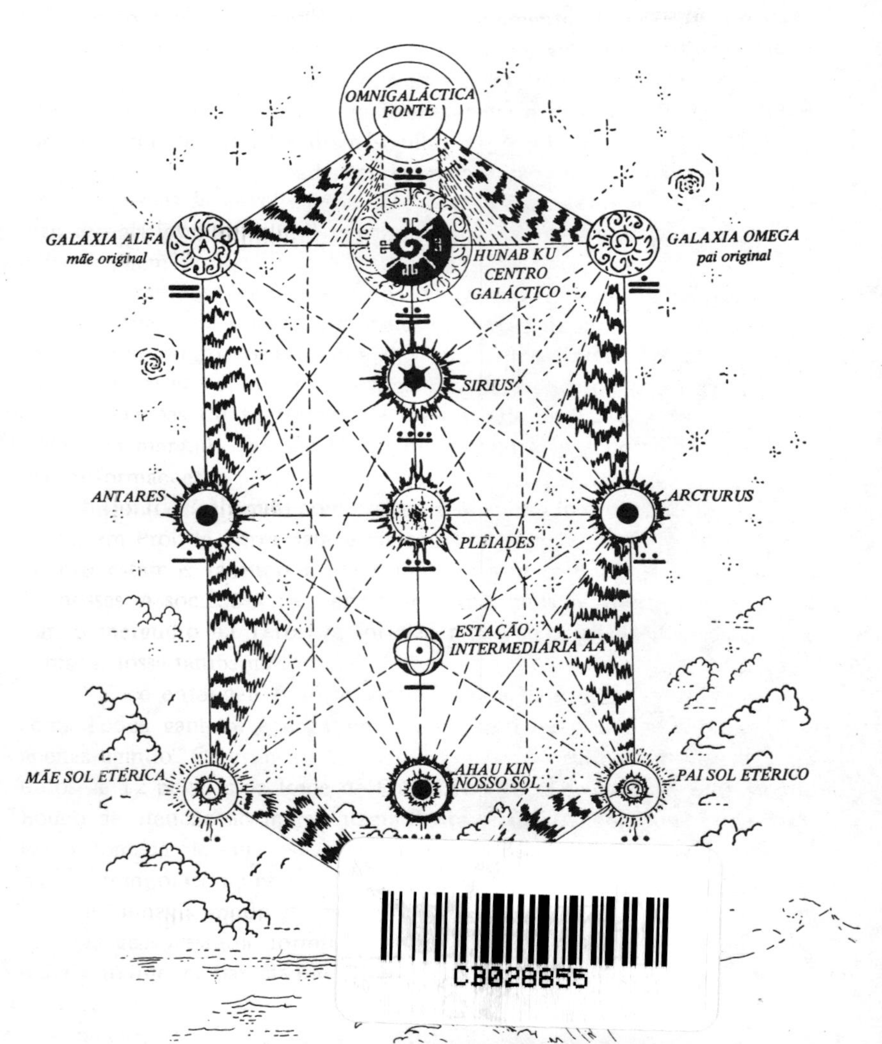

HOLOGRAMA GALÁCTICO CRISTALINO. MAPA ESTELAR INTERDIMENSIONAL MAIA MOSTRANDO A TERRA EM RELAÇÃO COM O TODO GALÁCTICO

OS SURFISTAS DO ZUVUYA
Histórias de uma Viagem Interdimensional

JOSÉ ARGÜELLES

OS SURFISTAS DO ZUVUYA
Histórias de uma Viagem Interdimensional

Introdução
MARILYN FERGUSON

Tradução
ZILDA HUTCHINSON SCHILD

EDITORA PENSAMENTO
São Paulo

Título original: *Surfers of the Zuvuya – Tales of Interdimensional Travel*.

O primeiro número à esquerda indica a edição, ou reedição, desta obra. A primeira dezena à direita indica o ano em que esta edição, ou reedição foi publicada.

Edição	Ano
7-8-9-10-11-12-13-14	07-08-09-10-11-12-13

Direitos de tradução para a língua portuguesa
adquiridos com exclusividade pela
EDITORA PENSAMENTO-CULTRIX LTDA.
Rua Dr. Mário Vicente, 368 – 04270-000 – São Paulo, SP
Fone: 6166-9000 – Fax: 6166-9008
E-mail: pensamento@cultrix.com.br
http://www.pensamento-cultrix.com.br
que se reserva a propriedade literária desta tradução.

PARA JOSH

Na morte
como na vida
somos um

Sumário

Introdução

Quando encontrei José Argüelles pela primeira vez, num dia ensolarado em dezembro de 1983, em frente à porta principal da minha casa em Los Angeles, saudamo-nos com os cumprimentos efusivos típicos dos escritores que conhecem e admiram a obra um do outro. Gostei do seu elegante e literário *Transformative Vision* e o citei no meu livro, *The Aquarian Conspiracy*. Também sabia que ele participara como co-autor de um belo livro de arte, *Mandala*.

Em poucos minutos, ele nos mostrou a inspirada série de pinturas que posteriormente se tornariam o centro do seu livro, *Earth Ascending*. José viera para tomar lanche conosco; ele nos entreteve e ensinou tanta coisa a meu marido e a mim, que acabou ficando conosco durante dois dias. Isso estabeleceu um padrão para nossos futuros encontros, que acabaram por ocorrer em lugares como o Hilton de Bruxelas ou as tendas cônicas dos índios americanos da Ojai Foundation (Califórnia). Com José tudo é bastante mítico.

Seu primeiro ambiente familiar foi, conforme ele mesmo disse, "calculado para manter-me estimulado". Seu pai era um mexicano com fortes tendências comunistas; sua mãe, uma luterana germano-americana com inclinações românticas. Sua formação foi bicultural e bilíngüe. Viveu seus primeiros anos no México, mudando-se depois para Minnesota. Ele disse: "Meu irmão gêmeo Ivan foi a minha salvação. Era tão estranho quanto eu, mas ao menos tínhamos um ao outro."

José teve inúmeros empregos: trabalhou arquivando livros numa biblioteca pública, levantou-se às quatro horas da madrugada para entregar jornais, lavar janelas, lavar pratos e descarregar dos trens de carga sacos de sal que pesavam cem quilos.

Visto que era um artista visual, pareceu-lhe apropriado ter um título de história da arte. Passou algum tempo na Europa como aluno de cursos de graduação, "um garoto renascentista". Pintou murais nos colégios em fins dos anos 60 e no início dos anos 70; posteriormente, foi crítico de arte em Boulder, no Colorado. Em 1970, enquanto lecionava na Universidade da Califórnia em Davis, organizou o primeiro Festival Mundial. Certa vez José me contou que "uma das principais razões pelas quais obtive um Ph.D. foi por saber que precisava adquirir uma capa de autenticidade, caso não quisesse ser tratado como lunático. Tive a minha primeira visão quando tinha cerca de quatro anos, portanto sabia desde pequeno que era um pouco diferente dos demais".

Também tornou-se estudante do Budismo Tibetano. "Mesmo com um Ph.D. é difícil adaptar-se ao fato de se ser um sonhador. Achei que tinha de desenvolver um bocado de compaixão e de espiritualidade. Caso contrário, poderia tornar-me uma pessoa amargurada – um boêmio incômodo sentado num bar tesourando a sociedade. Acostumei-me a ser censurado."

Desde os primeiros dias da nossa amizade, lembro-me de ouvir José falar sobre os dias 16 e 17 de agosto de 1987, os quais ele considerava auspiciosos para a celebração da "Convergência Harmônica". Ele tinha vários motivos para tanto: inspiração pessoal, sua interpretação da mente dos maias e a profecia moderna de algumas tribos norte-americanas. Como o leitor de *Os surfistas do Zuvuya* descobrirá, José Argüelles trata a revelação e a profecia com bom humor e, ao mesmo tempo, com seriedade.

A reação do povo à idéia da Convergência foi forte e sua força cresceu em meados de 1987, quando os meios de comunicação a descobriram. Logo foi avaliada como mais uma extravagância apocalíptica da Nova Era; apesar da interpretação da mídia, o evento atraiu milhões de participantes, que nada tinham de loucos e que ficaram satisfeitos por terem tido uma oportunidade de rezar ou meditar pela paz e pelo bem-estar do planeta armado para a guerra.

Uma coisa tornou-se evidente: *Nossa cultura tem pouca compreensão sobre a finalidade do mito ou o papel do criador de mitos.* Mitos não são feitos para se acreditar ou não acreditar. Eles existem para serem usados. Se um mito ou uma metáfora age atualizando nossos valores mais profundos, ele é mais verdadeiro do que as notícias da tarde ou o fato textual. Mitos, poesia, arte e música são verdades de uma dimensão diferente – são sustento e regeneração para o espírito cansado. O cérebro humano aprende melhor por meio de uma história, de um jogo, de uma estrutura de significado.

O mito maia, como é interpretado por José Argüelles em *The Mayan Factor, Earth Ascending* e *Os surfistas do Zuvuya*, é um "círculo cujo centro está em toda parte e cuja circunferência fica em parte alguma". Ele é elaborado pela força da imaginação. Ele ressoa com nossas possibilidades mais sutis. . . com a força do placebo "inócuo" que alivia a dor, com a força da intenção de alterar os eventos fisiológicos mais delicados, com a força da expectativa de influenciar o que vemos e ouvimos.

Nossas histórias podem fazer reavivar as nossas mais primorosas possibilidades. A Convergência Harmônica foi uma dessas histórias de um criador moderno de mitos, representada numa escala que teria impressionado os antigos. *Os surfistas do Zuvuya* é uma útil e inspiradora história, o passo seguinte para os patriotas da Terra.

No dia 29 de outubro de 1987, depois da Convergência Harmônica, o brilhante e bem-amado filho de José, com dezoito anos, Josh, morreu num acidente de carro.

José enfrentou essa grande perda com sua costumeira integridade. Isolou-se durante um longo período (chamado de 49 dias de retiro Bardo na tradição tibetana) e reapareceu tendo consolidado seu amor e seu luto numa nova criação. Este livro é uma dádiva para José e dele para o leitor, uma luz que surgiu em sua hora de maior escuridão.

Cada uma das cerca de seis vezes em que encontrei José foi mágica. Tal como "Treze" é o nome do meio do tio Joe Zuvuya desta história, "Mágico" é o nome intermediário de tio José. Sejam bem-vindos a uma aventura filosófica com um homem que vive o seu sonho e que sonha a sua vida. Surfemos!

Marilyn Ferguson
Los Angeles, Califórnia
14 de junho de 1988

[illegible] finalizando [illegible]
mais profundos [illegible] mais verdadeiro [illegible]
o [illegible] realidades de uma [illegible]
[illegible] O
[illegible] melhor [illegible]
de [illegible] significado.

O mito [illegible]
[illegible] e um [illegible]
[illegible] parte [illegible]
ele [illegible] elaborado pela força da imaginação. [illegible]
[illegible] com a força [illegible]
dor, com a força [illegible]
[illegible], com a força da expectativa de [illegible]

[illegible]

[illegible] possibilidades [illegible]
[illegible]

[illegible]

[illegible] de barro.

[illegible] grande perda [illegible]
de [illegible]
[illegible]
[illegible]
para [illegible] maior [illegible]

Cada [illegible]
[illegible]
[illegible]
a uma [illegible]
[illegible]

[illegible]
[illegible], California
14 de junho de 1988

Prefácio

Este conto sobre o encontro que tive com meu duplo dimensional, tio Joe Zuvuya, está intimamente relacionado com uma saga de vida e de morte. Nem bem um mês depois que escrevi este extravagante pequeno texto pela primeira vez, meu filho de dezoito anos Josh, junto com seu colega Mike Buddington morreram instantaneamente numa colisão frontal de carros, perto de Fort Collins, no Colorado, às 2:35 horas da madrugada do dia 29 de outubro de 1987.

No instante em que fui informado do fato por um agente policial às 7 horas da manhã do dia 29 de outubro, meu mundo ruiu.

Na medida em que, lentamente, tive de aceitar essa realidade que foi o evento mais crucial da minha vida, o evento que alterou o meu destino, tive de admirar a relação existente entre o meu sósia dimensional e os acontecimentos que precederam e sucederam a morte de Josh.

Várias vezes me ocorreu que a voz do meu filho – ou a de seu duplo dimensional – veio para informar o meu duplo dimensional, insistindo para que eu escrevesse este livro. Por quê?

A morte é a entrada mais direta e irrevogável para nossa próxima dimensão. Até escrever este texto, eu nunca havia focalizado inteiramente a minha atenção e energia na realidade interdimensional. Por certo eu tinha consciência da sua existência e havia tido mais do que a minha porção de experiências que penetraram o véu. Contudo, nada na minha experiência me fez supor da necessidade de um relacionamento continuado e duradouro com a realidade interdimensional.

Quando comecei a escrever *Os surfistas do Zuvuya*, em meados de setembro de 1987, Josh mal havia começado o ano como calouro no Colégio da Universidade do Estado do Colorado em Fort Collins. Apesar disso, nosso relacionamento havia entrado numa nova fase, e nossa comunicação tanto por telefone como por cartas sem dúvida estava num nível mais elevado. Nosso sentido de identidade comum havia se afirmado e fortalecido através dessas comunicações. Na verdade, parte da minha inspiração para escrever *Os surfistas* teve que ver com a minha necessidade de comunicar, numa linguagem mais simples, o significado e a importância da Convergência Harmônica para pessoas como meu filho e a sua geração.

No domingo à noite, dia 25 de outubro, Josh me chamou. Ele tinha perdido a chave do seu carro e me pediu para lhe mandar a chave da Honda 78 que havia herdado da minha esposa e que fora seu presente de formatura no ginásio. Havia algo em sua voz que não era próprio dele, como se estivesse ligeiramente desesperado. Na manhã seguinte, embrulhei a chave num pedaço de papelão e incluí uma nota. As últimas palavras da minha nota para ele eram "A Convergência Harmônica ainda está acontecendo – procure os UFOs!" Essa foi nossa última comunicação.

Meu filho saiu com seu colega às 2:35 da madrugada, porque no início daquela tarde Mike havia deixado suas chaves na cidade vizinha de Greeley. Josh estava levando Mike de Fort Collins para Greeley pela segunda vez naquela noite a fim de ele recuperar as chaves. Mas a chave que deu partida na ignição do carro para aquela viagem depois da meia-noite transformou-se na chave para o reino. A realidade da outra dimensão interveio sem avisar.

O assunto das chaves me entusiasmou. Em primeiro lugar, eu sabia que a morte de Josh era para mim a chave do que chamo de o Grande Mistério, a realidade interdimensional que penetra e informa totalmente *esta* realidade física, que nós, com demasiada freqüência, supomos ser a 'única realidade'. Nas semanas e meses que se seguiram à morte de Josh, comecei a compreender que *Os surfistas do Zuvuya* foi profético, visto que agora todo o meu ser está imerso numa exploração da realidade interdimensional. Deixe-me explicar como isto veio a acontecer.

Os surfistas do Zuvuya brotou espontaneamente como uma resposta às necessidades imediatas após a Convergência Harmônica – as minhas próprias e as de vocês. Meu livro anterior, *The Mayan Factor: Path Beyond Technology*, que estava tão intimamente associado à Convergência, é um livro filosófica e tecnicamente desafiador. Ele merece ser estudado, e espero que o seja durante bastante tempo depois da Convergência Harmônica. Eu já sabia que era preciso criar um caminho igualmente popular de informar as pessoas sobre a Convergência em 16-17 de agosto de 1987.

Exatamente porque tantas pessoas reagiram à poderosa energia daqueles dias sem conhecer a razão que existia por trás da Convergência, *Os surfistas do Zuvuya* veio a nascer. Foi como uma profunda corrente submarina que me empolgou, com ondulações de maré que se estenderam até os reinos distantes da Terra. O fato de o tema deste livro ser a realidade interdimensional me deliciou e mesmo me surpreendeu; no entanto, era um resultado natural da minha própria jornada depois da Convergência.

Por enquanto, digamos apenas que a Convergência Harmônica é a vida real, um capítulo real do tempo numa saga maia multidimensional. Trata-se da saga da qual as pedras mudas das ruínas dos maias são uma das mais simples indicações, pois a grandeza desta saga épica ainda está inscrita *no futuro.*

Durante o tempo da Convergência, cada um, desde Shirley MacLaine e Johnny Carson até milhares de pessoas anônimas em pequenas cidades por todos os Estados Unidos e o mundo – de Leningrado na Rússia ao ensolarado Rio de Janeiro – foram arrebatados pelo ato. No entanto, a maioria das pessoas mal soube porque sentiu *alguma coisa* e soube que era hora de fazer. . . isso. Levantar-se em hora mais improvável e saudar o sol. Por quê?

Pelo fato de todos nós, por extraordinário que possa parecer, termos sido "apanhados" pelo *Zuvuya*! É isso mesmo. O que as pessoas *sentiram* foi o chamado e o leve toque de *Zu-vu-ya.*

Zuvuya é o termo maia para o grande circuito de memória. É o canal direto da memória. Atua de modo individual e coletivo. O que é mais importante, ele nos une ao futuro e ao passado. Por quê? Porque Zuvuya é *um encadeamento interdimensional*. E todos nós somos interdimensionais.

Você pode entrar no Zuvuya a qualquer hora, em qualquer lugar. Assim que tiver entrado, compreenderá que nunca perdeu de fato o contato com ele. Mas se perder esse contato, bem, nada mais fará sentido. E, todavia, o Zuvuya está sempre presente. É ele que alimenta a sincronicidade e, conseqüentemente, é a linha de abastecimento para a magia.

No deserto e nebuloso país de nossas vidas impregnadas pela tecnologia dos supermercados, aconteceu a Convergência Harmônica, e esta foi e é a nossa entrada para a vida maior, a vida mágica, mítica e mística da galáxia. A Convergência Harmônica foi e é o toque *interdimensional* do Zuvuya conectando-se com a consciência da raça humana, dando-lhe *o sinal* de que algo mais está acontecendo; e o que acontece é o fato de não estarmos sós. De fato, há vida além e dentro do planeta Terra – e grande quantidade de vida.

Ao ouvir este sinal e ao acompanhá-lo até sua fonte, tudo mudou para mim. Tornei-me um *surfista do Zuvuya* ao aprender como jogar interdimensionalmente. Quando você aprender a cavalgar o Zuvuya, poderá duplicar seu prazer na vida. Ele não está tão distante assim.

Todos conhecemos a viagem nos tapetes mágicos que apareceram nos filmes de 1940 a 1950. Naturalmente, essa imagem nos veio dos contos de fadas árabes. Mas o que é a viagem mágica num tapete voador? É uma metáfora da viagem interdimensional.

Da mesma maneira, através do aparecimento do *surf* nos anos 60 e 70, recebemos uma outra imagem: a de pegar a crista de uma onda de uma dimensão da realidade para a seguinte. O Zuvuya é a onda, e surfar nessa onda é estar na crista dinâmica que conecta a nossa realidade tridimensional física com a realidade da quarta dimensão – a dimensão dos nossos corpos de sonho, de energia, ou corpos de luz. Em termos coletivos, portanto, a Convergência Harmônica foi a subida na crista de uma onda Zuvuya solar-galáctica que naturalmente fez nosso planeta borbulhar em sua esteira.

Ao tornar-me um surfista do Zuvuya, comecei a ver o quanto a Convergência Harmônica me afetou. Seria banal dizer que ela mudou minha vida. Isso daria a impressão de que eu estou tentando vender-lhes algo, ou fazendo propaganda em favor de uma novela de televisão. É muito mais correto dizer que a Convergência Harmônica tornou-se a minha vida. Mas isto só porque minha vida tornou-se Harmonicamente Convergida.

Durante anos segui minha própria voz, a voz no interior da minha cabeça. Foi assim que obtive aquelas datas misteriosas, 16 e 17 de agosto de 1987. Não foi somente a voz no interior da minha cabeça que segui. Também foi a minha busca perpétua pelos igualmente misteriosos maias.

Então ocorreu a Convergência Harmônica. A voz no interior da minha cabeça tornou-se mais forte. Assumiu o comando. E quando assumiu o comando, compreendi que eu mesmo me havia transformado num personagem do vasto e terrível épico multidimensional maia, um conto gigantesco dentro de um conto, uma história galáctica de proporções cósmicas!

A voz no interior da minha cabeça acabou por ser tio Joe Zuvuya, meu "duplo dimensional". Vocês vêem, para mim o verdadeiro significado da Convergência Harmônica foi a chegada de meu duplo dimensional e a união consciente de forças com ele. Suspeito que esse seja o caso de muitos de nós que entramos em contato com nossos seres "convergidos".

É desnecessário dizer que estive consciente da presença do meu tio Joe por longo tempo. Mas foi necessária a Convergência Harmônica para pôr tio Joe em ação. Na verdade, fiquei surpreso quando ele se revelou. Mas assim que fez isso, vi a sabedoria da sua sincronização. Afinal, tio Joe Zuvuya é um maia, e os maias são os mestres de picadeiro no grande circo do tempo.

Devido à facilidade dos maias com o tempo, as questões de profecia, a precognição e os duplos corpóreos nada mais são do que truques no baralho de cartas interdimensionais dos maias. Nesse baralho, passado e futuro são facilmente introduzidos no presente. Precisamente por esse motivo, desenvolvi um sentimento quase sobrenatural quanto à relação entre a emergência do meu duplo dimensional e a morte do meu filho – e o seu conseqüente retorno ao Grande Mistério. Acaso o meu duplo dimensional teria se revelado a mim como um presente, ou um sinal para me introduzir na realidade do "outro lado"? Quando estava organizando tudo o que me havia acontecido após a Convergência, acaso o duplo dimensional do meu filho teria sido benignamente ligado a mim, induzindo tio Joe a anunciar a sua presença com todo o seu jeito de ser? Não há dúvida de que existe alguma conexão misteriosa entre o fato de eu escrever este livro e a morte do meu filho. A teia cada vez mais ampla da realidade interdimensional abrange facetas da realidade que estão fechadas pelas portas da lógica e da razão.

Confrontados com essas enormidades introduzidas sincronística ou cosmicamente – as denominamos de acidentes –, tudo o que podemos fazer é transpor o obstáculo. E saltando – ou eu deveria dizer surfando? – exatamente acima de mim mesmo está tio Joe, sempre ensinando-me a me alegrar e a surfar nas correntes rodopiantes da maré da imaginação.

Como resultado da sua insistência para que eu experimente e cresça, este livro é decididamente um livro diferente do anterior, *The Mayan Factor*, de todas as maneiras possíveis que você possa imaginar, exceto uma: ambos os livros partem de um ingrediente cósmico e misterioso: o Fator Maia.

Digamos por ora que, como ingrediente cósmico, o Fator Maia é o condimento da nossa receita de sincronicidade. É o que nos faz rever nossos *déjà vu*! É a nossa passagem de volta para o Zuvuya, canal direto da memória que conduz você até o seu próprio duplo dimensional! Trata-se da conexão da memória com algo que você na verdade nunca esqueceu.

Descobri que, ao encontrar e brincar com tio Joe, minha passagem de volta para o Zuvuya de fato dobrou o meu prazer. Tio Joe é tão aventureiro e cosmicamente bem viajado que *Os surfistas do Zuvuya* é apenas o começo do que promete ser uma história sem fim. Mas trata-se de uma história interminável, na qual você, eu e todos os demais – incluindo a Terra – tornam-se os verdadeiros heróis e heroínas. As páginas desta história são literalmente os dias de nossas vidas. E pelo fato de tio Joe ser *multi*dimensionalmente constituído ele é mais esperto do que eu, muito mais esperto, e ao mesmo tempo infinitamente mais prático. O resultado: este livro é o seu *show*.

Mas quem é este tio Joe? É um velhaco cósmico de "conversa mole", um surfista dimensional que usa gíria e que "monta" uma risada para debochar das minhas resistências mais óbvias – parece que está sempre me ridicularizando. Contudo, trata-se da brincadeira e da zombaria de alguém que me ama e me conhece tão intimamente, e tão bem, que pode tomar tais liberdades, caso contrário não estaria fazendo bem o seu trabalho.

Suponho que podemos imaginar tio Joe como o meu Eu superior. Mas neste caso, o meu Eu superior, o meu duplo dimensional, está disposto a anular anos de afetação defensiva a fim de deixar que o menininho que existe em mim venha à tona e brinque. Posso ouvi-lo me interrogando. "Ei, José, você precisa realmente daquele Ph.D. atrás do seu nome?" O que o tio Joe quer, na verdade, não é apenas o menino, mas o coração aberto e vulnerável. Na verdade, já há seriedade demais sem calor humano neste mundo. Tio Joe diz: "O que há de errado em pregar algumas peças em Deus? Se você estiver realmente sintonizado com seu duplo dimensional, pode pregar tais peças e ainda sair da situação cheirando a rosas!" E é claro que o garotinho que existe em mim concorda: "Por que não?"

Como criador de contos e contador de histórias do meu ser mais amplo, que engloba tudo da quarta dimensão, o tio Joe ganha de mim em todas as ocasiões. É a maluquice divertida do Zuvuya que faz isso. Ele sabe exatamente como engatinhar e passar pela rede de esgoto do meu ego e fazer com que minhas expectativas conceituais caiam diretamente na fossa sanitária das ambições surradas e das atitudes ultrapassadas. Que cara incrível!

Mais que tudo, tio Joe é um especialista nas infinitas virtudes de morar no *agora*. Esse é o seu lugar. É aí que ele fica. "Fique firme na prancha do agora", ele diz, "e aquela adorável brisa do mar galáctico o acariciará eternamente!" E é verdade. Sempre que ele me ataca de emboscada em uma das minhas escapadas, mais cedo ou mais tarde, acabo no presente com ele. E gosto disso. Veja você, aprendi com tio Joe que é da crista da onda do agora que você pode lançar as vistas para qualquer coisa – para tudo!

Embora esse trabalho possa muitas vezes parecer um conto de fadas galáctico da busca que há em nosso planeta pela sobrevivência e por uma vida superior, é extremamente sério. Apesar de que algumas pessoas o desprezarão dizendo que é mera fantasia, só falo daquilo que acredito e só acredito naquilo que experimentei. Tudo o que eu vivi me diz que agora é o momento apropriado para uma ação correta no planeta Terra. Esse é o meu nível de vibração.

Tio Joe concorda com o meu nível de vibração. Na verdade, como tenho aprendido, é ele que faz a minha afinação. Nosso planeta está num aperto e, em última análise, só existe um único propósito em abrir o seu coração e despender a sua energia surfando na crista do Zuvuya conosco: fazer com que todos entremos em ação!

Segundo o calendário maia, temos um período de cinco anos para transpor antes de entrarmos na reta de vinte anos que nos separam do lar para esta fase de evolução. Para chegarmos à próxima fase evolucionária — após-2012 — temos de criar uma total transformação do mundo. Essa transformação inclui uma revolução de atitudes, uma mudança sem precedentes na história humana!

Mudanças desta natureza extraordinária são um assunto delicado. No momento, essas mudanças somente poderão ser realizadas se as pessoas as entenderem de forma alegre e feliz. Não funcionará, a menos que brinquemos!

A importância da mensagem do tio Joe é: *o mundo somente mudará quando aceitarmos e BRINCARMOS com a próxima dimensão — a quarta dimensão*! A este respeito, a visão radical de mundo e a urgência da mensagem de *Os surfistas do Zuvuya* se apóiam no meu trabalho anterior.

A aparição do tio Joe separa meu atual trabalho de todos os que publiquei anteriormente. Somente por este motivo foi um prazer especial escrever e apresentar *Os surfistas do Zuvuya*. Este encontro com meu duplo dimensional me afetou profundamente. Ele representa a "minha saída de dentro do armário". Espero que você seja igualmente afetado e igualmente enredado pelo seu próprio duplo dimensional.

Além de levá-lo numa viagem interdimensional, desejo que este livro o faça considerar a sua própria vida e a sua própria morte. Possa o conto que teci com a experiência da minha vida e da morte do meu filho ser uma inspiração para você levar em conta a intensidade dos nossos tempos. E assim que tiver feito isto, desejo que possa mover-se alegre e divertidamente com a realidade do seu próprio duplo como seu guia. Possam o mistério e a magia maiores outrora conhecidos no coração de todas as criaturas surgir outra vez neste maravilhoso planeta, a nave espacial Terra, em direção ao seu verdadeiro destino. Vamos surfar!

JOSÉ ARGÜELLES, Ph.D., surfista do Zuvuya
Boulder, Colorado
10 Akbal 9 Mac
1º de abril de 1988

1

A GRANDE EQUIPE MAIA DE ENGENHARIA E SUAS ESCAPADAS GALÁCTICAS

Estou ansioso por apresentá-los ao meu tio Joe, mas primeiro precisamos ter um contexto, um cenário. Portanto, vamos montar o palco. Afinal, tio Joe não é exatamente um velho surfista qualquer – ele é um surfista maia.

Todos querem saber algo sobre os maias. Quem foram? De onde vieram? Para onde foram? O que este povo antigo e seu calendário têm que ver com a Convergência Harmônica, o maior evento de foro popular da história moderna?

Ainda há muitos maias vivendo atualmente no Yucatán, no sul do México, na Guatemala, em Honduras e em Belize. Trata-se de um país perigoso. Recebi cartas de amigos há muito esquecidos que moram lá e que me contaram que os Protetores do Dia, os maias modernos que ainda guardam o Tzolkin ou Calendário Sagrado, estão tendo suas línguas arrancadas pelos exércitos mercenários que dominam essa parte do mundo. Meus amigos, o que a Convergência Harmônica pode significar para eles? Eu gostaria de saber. É provável que vocês também.

Provavelmente vocês já viram ou ouviram falar das pirâmides e das ruínas misteriosas nas florestas. E podem também ter ouvido contar que os maias sacrificavam crianças e arrancavam o coração das pessoas depois de algum sangrento jogo de bola. Qual será a verdadeira história por trás de tudo isto?

Se vocês voarem até Villahermosa, a capital mexicana do petróleo, poderão alugar um carro e ir a um lugar chamado Palenque. Chegarão lá em quatro horas. Como acontece com as ruínas maias, o lugar é bastante acessível. E está repleto de pura magia. Fantásticas torres de pedra e templos espreitam no meio da densa floresta, onde macacos e pássaros fazem todo tipo de ruídos. Ocasionalmente, um javali selvagem irrompe dos arbustos rasteiros, bufando e escarvando sem qualquer traço de boas maneiras.

O guia para viajantes lhe dirá algo a respeito do Templo das Inscrições em nove níveis, construído em 683 A.D. Também lhe dirá que existe um túmulo dentro da pirâmide que foi terminado nove anos depois, em 692 A.D. E o seu manual o informará de que um homem chamado Pacal Votan foi enterrado ali.

A sepultura é ainda mais misteriosa do que as ruínas do lado de fora. É a única do gênero no Novo Mundo. A única coisa que se assemelha com ela, no Novo Mundo ou no Antigo, é o túmulo na Grande Pirâmide de Quéops no Egito. Contudo, o guia lhe dirá que um corpo foi encontrado no túmulo de Palenque, ao passo que nenhum foi descoberto na Grande Pirâmide.

Para chegar ao túmulo de Pacal Votan, primeiro você sobe ao templo no topo da Pirâmide. Então desce por escadas estreitas. É úmido e escuro. Finalmente, chegará à sala do túmulo. Uma antiga porta de pedra obviamente foi aberta com grande esforço, tal como no filme *Os Caçadores da Arca Perdida*. Você é acometido por uma sensação sobrenatural. Acaso o túmulo poderá ser fechado outra vez? "Meu Deus!", você pensa. "O que significa isso?"

Espiando através das grades, seus olhos notam uma grande pedra de cerca de doze pés de comprimento e oito pés de largura. Trata-se da tampa do esquife. Lá, esculpido nessa enorme lousa de rocha calcária, está um homem que parece estar sentado sobre um animal com uma árvore que parece emergir dele. O que ele está fazendo? A besta gigante ao seu lado está prestes a engoli-lo todinho? Aquilo é uma árvore crescendo para fora do seu plexo solar? Ele está dirigindo uma nave espacial? Qual é seu objetivo? Enquanto você quebra a cabeça com isso tudo, sente um calafrio. O cabelo da sua nuca fica em pé. Uma nave espacial? Estes maias serão do espaço exterior?

A resposta é um sonoro *sim*! Mas não há nada a temer. A maioria de nós em determinada ocasião, de uma forma ou de outra veio do espaço exterior. Falaremos sobre o assunto depois. Por enquanto vamos nos ater aos antigos maias, os que construíram Palenque: Pacal Votan e seu bando. Penso neles como a grande equipe de engenharia dos maias: Escoteiros Galácticos em missão. E qual era a sua missão? Assegurar-se de que planetas e sistemas estelares se sintonizassem com o *raio galáctico*.

Mas o que é este *raio galáctico* e o que os antigos maias têm que ver com ele? E como eu sei de tudo isto?

Não os culpo por ficarem perplexos. Recuperem o fôlego e eu lhes explicarei algumas coisas.

A verdade, embora eu continue freqüentando supermercados e criando filhos que acabam com meu dinheiro imitando o que está acontecendo nos vídeos de rock na TV, é que sou um maia. Se vocês virem minha fotografia dirão: "Esse camarada parece mais com meu tio Charlie do que com um maia!" E isso pode ser verdade. Mas eu aprendi a viver como um maia. Aprendi a fazer isso lembrando-me não só de quem sou agora, mas de quem fui e de onde estive no passado, e até mesmo de onde posso estar no futuro! E aprendi a viver segundo o tempo maia, mesmo que eu pareça ser igual a todo mundo. Antes de vocês dizerem "absurdo!", ouçam a minha história.

Podem chamar-me de Joe Zuvuya se quiserem. Esse é o verdadeiro nome do meu tio que mora na outra dimensão. Mas pelo fato de eu ser um maia, também posso ser o meu tio. Mais tarde explicarei isto quando contar como funciona o *Zuvuya*. Agora, tudo o que precisam saber é que *Zuvuya* é um canal direto da memória. Faz circular as lembranças de que você precisa para lidar com qualquer situação que apareça. Além disso, o Zuvuya também tem acesso às memórias do passado e do futuro com a mesma facilidade. O Zuvuya não é apenas para maias, tampouco. Qualquer um pode se ligar nele. É como energia liberada: fica disponível durante todo o tempo.

Não se preocupe nem se sinta ameaçado pelas minhas sugestões. Eu ainda sou bastante ingênuo, pois só me liguei no Zuvuya há poucos anos. Ainda estou aprendendo como surfá-lo. Mas descobri que a verdadeira chave é a confiança e a entrega total.

Quando comecei a me exercitar com o Zuvuya pela primeira vez, viajei um bocado de avião. Fica-se entre um lugar e outro quando se está voando, da mesma forma que, ao usar o Zuvuya, você fica entre um tempo e outro. Analogamente, é bom praticar com o Zuvuya quando se faz a sesta, porque durante a sesta não se dorme de verdade. Flutua-se entre as dimensões: entre o plano físico e o mundo dos sonhos. A localização física do seu corpo também o retém em sua própria dimensão; portanto você pode mover-se para outra dimensão com mais facilidade quando viajar.

Numa viagem para fora de Indianápolis há uns dois anos, eu estava a 35.000 pés de altitude, fazendo minha sesta e captando o Zuvuya. De repente, uma voz se manifestou dentro da minha cabeça e disse, 'Muito bem, você está surfando direito. Agora terá uma pequena recompensa. O que deseja? Com o que quer sintonizar-se? Só pode fazer um pedido; portanto, pense bem sobre o assunto.'

Ora bolas! Um pedido!

Bem, recém-chegado de uma viagem a Palenque, não havia dúvida de que o que eu queria era uma ligação direta com Pacal Votan.

"Você a terá", disse-me a voz. Eu estava sintonizado.

Pacal Votan me assombrou. O mesmo fez sua esposa, sua parceira galáctica, Ah Po Hel. Foi ela quem de fato me introduziu posteriormente no raio.

"Agente galáctico 13 66 56, a.k.a. Pacal Votan se apresentando. Está me ouvindo?"

Eu o ouvia em alto e bom som.

"O que deseja saber? Sobre o que quer falar?"

"É simples", respondi. "Vocês vieram do espaço ou de onde?"

"Boa pergunta! Queríamos saber quando você se tornaria sério e perguntaria a coisa certa. Não está evidente para você que viemos de algum outro lugar? Que outro motivo teríamos para criar o que você pensa ser o mais incrível e exato calendário já imaginado? Mas esse é o problema. Você pensou que todos aqueles números eram marcas do calendário e que nos esfalfamos cavando enormes pedras-calendário a cada 5, 10 ou 20 anos! Quem haveria de querer fazer tal coisa? De maneira nenhuma! Não estávamos guardando um calendário como todos pensam. Estávamos nos assegurando de que a Terra se sincronizaria com o raio galáctico. Somos engenheiros da sincronicidade! Atualize-se com o programa, rapaz!"

Bem, como eu não queria que pensassem que eu era um cara por fora, um cara que não estava no programa, resolvi acompanhá-lo. E isto foi o que eu aprendi.

Antes de mais nada, Pacal Votan, que viveu neste planeta entre 631 e 683 A.D., veio para cá como chefe de uma excelente equipe de engenharia galáctica. Mas ele não foi o primeiro maia que veio para este planeta. O primeiro maia, ao menos desta equipe em particular, veio bastante tempo antes – talvez uns 1.300 anos antes – por volta de 600 A.C. Mas muito tempo antes disso os maias estavam fazendo o levantamento topográfico do nosso planeta, estavam observando-o. Por quê? Bem, como Pacal Votan me explicou, a evolução superior da Terra teve um começo um tanto conturbado. Isso se devia à impressão dos circuitos genéticos, o DNA, os *microchips* biológicos, o material de que somos feitos. Pacal também me deu informações sobre a Atlântida. Mais tarde falarei sobre isso.

Os maias sabiam que há cerca de 5.100 anos o nosso planeta entrou na fase crítica de um raio galáctico. Esses raios galácticos são de diversos tipos e se originam no centro da galáxia, que os maias denominam Hunab Ku. Hunab Ku é como uma grande e poderosa estação de rádio que emite todos esses raios, cada um com um programa diferente. Aparentemente, quanto mais distante você está, tanto mais amplo o raio se torna. É possível que ele enfraqueça. Acho isso fascinante!

Os raios interagem com a matéria da vida e a envolvem de tal forma que a evolução, em qualquer nível, possa dar-se exatamente na velocidade correta, e tudo fique tão equilibrado quanto possível. Ao que parece, os cientistas começaram a notar alguns desses raios. Eles os chamam de ondas de densidade, porque tendem a ser de freqüência muito baixa, como a gravidade.

No nosso planeta, atingimos uma fase crítica deste raio em particular há 5.100 anos atrás, em 3113 A.C., para ser mais preciso. Os raios do programa estavam adaptados à *freqüência* de nossos circuitos avançados humanos de DNA. Nossa instalação elétrica então ainda era bastante irregular, e ainda é, embora esteja um pouco melhor. O efeito deste raio combinando-se com a nossa programação genética foi – zap! – criar o que chamamos de história escrita.

Considerando os meus estudos, fiquei surpreso. É um fato que em 3113 A.C., Menes, o primeiro faraó, estava unificando o Egito superior e inferior e estabelecendo a *primeira* dinastia registrada historicamente. Mas então esse foi o modo como os maias a determinaram. É por isso que o seu serviço na galáxia é ser engenheiros da sincronicidade: a equipe tem de assegurar que as coisas que ocorrem em qualquer planeta ou estrela estejam em sintonia com o programa dos raios focalizados sobre eles a partir do centro galáctico, para todas as fases do desenvolvimento evolucionário. Parece óbvio que há outros raios com que eles trabalham, mas este foi o raio da Terra e seu *timing* casou-se exatamente com o ciclo histórico humano dos últimos 5.100 anos!

O efeito deste raio, que se estende por 5.125 anos terrestres, foi o de acelerar a atividade humana por todo o planeta. Essa aceleração é chamada história registrada. Quando o planeta sair desse raio – o que acontecerá por volta de 2012 A.D. – o plano é o de que os humanos devem ter criado uma civilização global unificada que viva em harmonia com a natureza. Isso ajudará os homens e o planeta a se prepararem para o próximo ciclo evolucionário.

Naturalmente, alguns lugares necessitam de mais ajuda do que outros. E o nosso pequeno planeta, que gostaríamos de acreditar ser o jardim do universo, é um desses lugares. O que os maias sabiam é que, conquanto o raio tivesse o programa certo para essa fase crítica do desenvolvimento, os circuitos genéticos humanos estavam um tanto desajustados.

Incidentalmente, os maias chamam este raio de "raio de aceleração e sincronização". Primeiro, ele acelera a atividade humana, causando um interessante efeito colateral. Perto do final do raio, supõe-se que a aceleração se torne exponencial. O crescimento da população explode, a tecnologia está por toda parte, e o mercado de valores não pode evitar de ir diretamente rumo ao próprio colapso. Quando o raio se torna inteiramente exponencial, supõe-se que a aceleração entre em sincronização. É quando todos começam a dizer uns aos outros: "Hei, você notou *aquilo?*" E todos dizem isso ao mesmo tempo. Trata-se de coincidência ou de PES (Percepção Extra-Sensorial)? Quem poderá ter certeza? A sincronização é divertida, mas muito intensa!

Na primeira metade do raio, os primeiros 2.600 anos, mais ou menos, o desajuste entre o programa do raio e os circuitos genéticos humanos falhos ainda não era muito visível, ao menos quando se estava observando o planeta de uma nave espacial. Mas ele sempre existiu. Os cristãos chamavam-no de "pecado original", enquanto que na Índia é conhecido como "mau carma". Portanto, durante os primeiros 2.600 anos, os babilônios perseguiram os povos do Oriente Médio por cerca de alguns séculos, apenas para serem derrotados por um grupo ainda mais agressivo chamado de persas. Os egípcios e os chineses tentaram manter um padrão igual com poderosas sucessões de dinastias reais. Os gregos começaram a construir lindos templos sobre rochedos acima do mar Egeu, ao passo que os druidas das ilhas britânicas faziam oferendas ao luar em santuários estranhos como Stonehenge.

Escoteiros da equipe de engenharia galáctica dos maias sabiam que, a meio caminho através do raio, as coisas se acelerariam. O que quer que tivesse sido colocado em movimento teria sua velocidade aumentada numa fase crescente de expansão, semelhante à causada pelas guerras imperiais, tornando-se o que conhecemos por Velho Mundo — norte da África, Ásia e Europa. Por esta razão, em 550 A.C. — exatamente no ponto central do raio — os maias enviaram para cá um dos seus homens mais importantes; eles até deixaram uma pista da sua identidade. Esta pessoa, o príncipe Siddhartha, mais tarde denominado Gautama, o Buda, tinha uma mãe chamada Maya.

Num mundo cada vez mais dominado pela ganância, pela ambição e pelo *poder*, o Buda veio para ensinar aos homens a compaixão e a verdadeira natureza da sabedoria que, segundo ele, você conseguirá acalmando a mente. Viajando pela Índia com sua tigela de pedir esmolas, o antigo príncipe era ótimo em desarmar as almas humanas. Como resultado, depois que ele terminou sua vida terrena e entrou no *nirvana*, seus seguidores fundaram uma religião. Foi a primeira religião *histórica*, uma religião baseada nos ensinamentos de alguém que havia ficado insatisfeito com o processo da história humana.

Conquanto o Buda fosse bom em difundir uma influência apaziguadora, na medida em que as coisas começaram a acelerar no Velho Mundo, os Escoteiros Maias disseram: "Bem, ainda teremos de criar um modelo genético e implantar um grupo inteiro de pessoas, para que mais tarde possamos enviar nosso excelente time de engenharia no intuito de criar as vibrações sutis deste planeta."

Infiltrar-se em planetas não é tarefa das mais fáceis, visto que há leis cósmicas no que se refere à entrada em outras dimensões. Uma lei cósmica básica estabelece que você não pode interferir com o destino evolucionário dos outros. Isso significa que não é possível impor nossa vontade aos outros. Não se pode simplesmente aterrizar nosso UFO no pátio da Casa Branca e dizer: "Estamos aqui! Parem de poluir o planeta e de construir armas nucleares!" Isso poderia ter dado certo com Hitler e, mesmo assim, somente por pouco tempo; mas não funciona com os maias.

Outra lei cósmica estabelece: "Honre a inteligência!" Isso significa que toda pessoa tem sua sabedoria natural e se você quiser entender os povos, deve primeiro examiná-los e deixar-se fluir com eles. Finalmente, há o "supra-sumo" do código galáctico de honra. É o dito maia, *In Lake'ch*, "Eu sou outro você". Se você viver segundo esse ditado, mesmo que venha a atolar-se em algumas coisas – forçado por algum dos seus colegas, por exemplo – você pode sair para outra dimensão sem se matar e sem matar o seu vizinho. Isso é importante, porque quando um planeta é infiltrado, os que descem do espaço não querem acrescentar nada ao carma do planeta. Isso seria totalmente contraproducente.

Levando em conta todas essas considerações, e dado que o planeta estava no centro do raio há 2.500 ou 2.600 anos, os Escoteiros Maias acharam que o melhor lugar para criar um modelo genético e implantá-lo não seria o Velho Mundo porque havia muitas coisas ocorrendo por lá. Seriam notados depressa demais. Achariam que eles eram esquisitos e é provável que os matassem por essa única razão. Não, por certo isso não funcionaria.

Mas aqui no Novo Mundo as coisas eram um pouco diferentes, aconteciam mais devagar, havia mais predisposição para um implante maia. O lugar perfeito para isso era nas florestas ao redor do golfo do México, estendendo-se através das cordilheiras da América Central. Ali o povo não vivia se matando. . . ainda. Havia um grupo chamado de Olmecas, o Povo da Borracha, e outro grupo chamado de Zapotecas, o Povo da Nuvem. Esses povos se dedicavam à agricultura e ao artesanato em pedra e jade e a um belo artesanato em tecido. Também criavam cogumelos aos quais, por boas razões, chamavam de "carne dos deuses".

Os Escoteiros Maias compreenderam que, se você quiser examinar a natureza dinâmica do seu relacionamento com o universo e o modo como ela atua através dos seus sentidos, terá de ingerir alguns desses cogumelos, sentar-se no cume de uma montanha e ver o que acontece. A teia da criação. A estrutura original do universo. A ética da profunda ecologia lhe mostrará que você é ela. Trata-se de você. Carne dos deuses. Eles diziam que esta era uma das maneiras de sentir as vibrações do cerne galáctico, Hunab Ku, enquanto ainda se vive na terra.

"Totalmente voltados para o cosmos", foi a constatação dos Escoteiros Maias sobre esses Olmecas e Zapotecas, o Povo da Borracha e o Povo da Nuvem. "Eles falam com as árvores, conversam com os jaguares, ouvem as nuvens, põem os ouvidos nas estrelas. Pessoas como estas não se surpreenderão se alguns de nós descermos das montanhas, cultivarmos grãos como eles, tecermos como eles, comermos cogumelos e lhes mostrarmos um pequeno instrumento que usamos e chamamos de Tzolkin, a constante galáctica. Nós lhes contaremos que se trata de um calendário perpétuo de 260 dias, um calendário sagrado que se inter-relaciona com o seu calendário solar a cada 52 anos. Grande!"

Portanto, os maias implantaram um único modelo genético, mas um que se aproximava bastante dos modelos à sua volta, de modo que ficava difícil notar a diferença. Seguindo o código galáctico de Hunab Ku, os maias se dividiram em treze tribos de sete clãs guerreiras cada, as quais se infiltraram nas densas florestas e nas regiões montanhosas. Dentro de uns poucos séculos, todos estavam usando o calendário de 260 dias. Isso foi quando o povo dessa parte do mundo começou de fato a acertar o passo.

No México Central, por volta do terceiro século A.C., eles começaram a construir um lugar chamado Teotihuacan, "Lugar onde os deuses tocam a Terra". Este era o centro principal. Não era exatamente maia. Mas torna-se tal em seguida. Havia suficiente seiva maia nele para torná-lo o local favorito dos Engenheiros Galácticos que vinham visitá-lo constantemente.

Na época em que Cristo nasceu – ele foi o segundo a descer ao Velho Mundo a fim de lembrar às pessoas a existência da paz e do amor, e para fazer o "trabalho do seu pai" – Teotihuacan tinha 200.000 residentes. Interessante é o fato de a Pirâmide do Sol em Teotihuacan ter quase a mesma medida básica da Grande Pirâmide do Egito, porque em 0 A.D. os velhos mexicanos e o Novo Mundo estavam prontos a iniciar seu processo de aceleração com grande intensidade, tal como os egípcios haviam começado seu processo de aceleração no Velho Mundo quando a Grande Pirâmide foi construída.

Ao mesmo tempo que Teotihuacan foi construída no México Central, os maias construíram seu primeiro grande centro na Guatemala. El Mirador, é como é chamado atualmente, o que significa "o mirante". E era um mirante! Aí os maias emitiram um sinal. Tudo estava acontecendo como estava previsto. Uma base maia havia sido fundada, e na terra os Escoteiros estavam sendo chamados de maias. Os maias haviam exercido suficiente influência nas culturas vizinhas, ajudando-as a se transformarem em civilizações superiores, embora não as dominassem. Devido a esse fato, podia-se contar com que essas culturas permanecessem tolerantes e receptivas a qualquer atividade maia que pudesse ocorrer.

Ora, os maias, como você deve ter adivinhado, são pacientes. Eles também são mestres do tempo e da ilusão – magos, se você quiser. E, como engenheiros sincrônicos, eles conhecem os seus raios. Conhecendo os seus raios, conhecem o tempo mais apropriado para a ação e o mais apropriado para a retirada ou o afastamento.

Voltemos ao raio. O raio de importância crítica pelo qual estamos passando, aquele no qual entramos em 3113 A.C., consiste em treze ciclos de alta freqüência chamados *baktuns*.

Cada ciclo de freqüência ou baktun é como um programa de rádio. Ele tem sua qualidade própria única e também é afetado pelos ciclos anteriores. Cada ciclo baktun dura pouco mais do que 394 anos terrestres, e cada um tem um programa evolucionário especial. Os treze ciclos de alta freqüência são ilustrados e explicados em *O Fator Maia*. Atualmente, estamos no último, no décimo terceiro baktun, aquele que terminará em 2012. Buda veio durante o sétimo ciclo, o sexto baktun. Cristo veio na parte final do oitavo ciclo, o sétimo baktun.

Durante o baktun 8, em 41-435 A.D., os maias da América Central compreenderam que tinham de tornar-se sérios. O perfeito – e único – tempo para dar uma completa afinação ao planeta e sincronizá-lo totalmente com o raio seria o décimo ciclo, o nono baktun, que no nosso calendário corresponde a 435-830 A.D. No meio deste baktun, outro Escoteiro Galáctico se infiltrou na Terra: Maomé. Sua tarefa foi a mais árdua de todas, visto que tinha de agir num lugar onde o carma fora mais agitado: o Oriente Médio.

Em qualquer caso, devido a todos os fatores envolvidos, tais como a duração de um raio, o efeito acumulado da aceleração, o programa do raio com relação ao programa genético – estava claro que o nono baktun era o ciclo de freqüência ideal do raio para que a excelente equipe de engenharia maia fizesse seu trabalho de sintonização. As ordens eram: "Atinjam o planeta com o melhor esquadrão do raio. Façam medições da freqüência de ressonância. Entrem em harmonia psíquica e ritual com o campo planetário. Deixem o programa galáctico perfazer o seu ciclo, e esperem pelo melhor, de forma que em algum tempo do futuro, quando as coisas se acalmarem, vocês possam retornar para um novo compromisso."

Eles apareceram de repente, em lugares como Tikal e Copan. Disfarçados de astutos artistas tardios da Idade da Pedra e de adoradores do Sol, os membros da equipe de engenharia fizeram avaliações das freqüências galácticas, medindo-as através dos ciclos das manchas solares. A excelente equipe de engenharia maia registrou em seguida suas observações em grandes monumentos de pedra que, atualmente, são chamados na arqueologia de *stelae*. Naturalmente, todas as marcações tomaram como ponto de referência a entrada da Terra nesse raio, em 3113 A.C.

Depois que a equipe obteve uma leitura exata do planeta em relação com o raio e com os outros planetas do sistema solar, seu chefe desceu para fiscalizar o trabalho. Este era Pacal Votan, e isto ocorreu em 631 A.D. Ele estabeleceu-se com sua corte em Palenque e também viajou um bocado para verificar o andamento dos trabalhos. Como ele mesmo fosse um bom mágico, gostava de dar festas em sua corte. Você ficaria surpreso se soubesse quem dava espetáculos nessa corte. Merlin era um dos favoritos, junto com alguns outros mágicos da China, de Java e da Índia. Ah Po Hel, a primeira dama da Corte de Palenque, ajudou bastante. Todos se divertiam a valer. Não foi uma época má para o planeta. Até mesmo as tribos germânicas haviam começado a estabelecer-se na Europa, enquanto no Oriente Médio os seguidores de Maomé haviam começado a reformular o antigo berço da civilização.

Quando o "túmulo" de Pacal Votan ficou pronto em 693 A.D., haviam sobrado exatamente sete ciclos *katun*, ou ciclos de cerca de vinte anos para encerrar o nono baktun. Vinte katuns formam um baktun. Se um baktun é semelhante a um programa inteiro de rádio, então os katuns podem ser comparados com segmentos do programa entre os anúncios. Visto que há treze baktuns para o ciclo do raio que vai de 3113 A.C. até 2012 A.D., existe um total de 260 (13 x 20) katuns para esse mesmo ciclo de raio. Você notará que há tantos katuns neste ciclo, chamado de Grande Ciclo, quantos são os dias no Calendário Sagrado. Isso ocorre porque 260 é a constante galáctica. Falarei mais sobre isso posteriormente, pois os maias têm o mais preciso sistema numérico que conhecemos.

Foi durante estes últimos sete ciclos katun, ou sete gerações do nono baktun – 692-830 A.D. – que a excelente equipe de engenharia galáctica maia veio ao planeta. Os engenheiros galácticos se lamentaram. O planeta Terra estava recebendo uma afinação. A Terra estava sendo sintonizada com os transmissores-receptores ressoantes em pontos extensos do tempo/espaço da Galáxia. Essa atividade de afinação era especialmente intensa em Copan e no seu centro aliado, Quiriguá, ambos em Honduras.

Se você for a Copan e a Quiriguá, bem como a Coba, perto de Tulum, encontrará datas – os maias as chamam de calibrações – que nos ancoram no passado profundo. Na *Stela* D em Quiriguá há duas datas: uma de 411.683.935 anos, outra de 873.600.000 anos, a se perder no passado. Um outro glifo, o glifo Mecham, registra uma data de 25.600.000.000 anos. Outra ainda, o glifo Mukulmam, registra uma data de 10.240.000.000.000 anos! Isto faz tanto tempo que é provável que fique no futuro!

Larry Tyler, um "ciclologista" maia, pensa que estas datas se relacionam com momentos-chave na criação da vida no universo. A data mais antiga corresponderia ao ponto exato de emergência do super Hunab Ku, o centro criativo infinitesimal do qual este universo, e todos os universos, emergiram – e ao qual retornaram.

Quiriguá foi o lugar em que a equipe de engenharia galáctica fez sua última observação, no final do baktun 9 em 830 A.D. Os engenheiros agradeceram ao povo maia, os descendentes do primeiro implante, pela sua hospitalidade e indulgência. Advertiram-nos para que mantivessem a calma, voltassem para a floresta e para que vivessem uma vida simples. Por quê? Porque os ciclos de aceleração apenas trariam cada vez mais problemas para este planeta.

Logo viriam as guerras mundiais e, depois delas, conquistadores que eram ainda mais impiedosos, poderosos e devastadores. E mesmo depois deles, bem depois, no futuro, quase no final de todo o Grande Ciclo, bárbaros mercenários espanhóis aterrorizariam seus descendentes, cortando-lhes as línguas e destruindo suas cidades. Posteriormente, no mesmo último baktun, outros invasores derrubariam as florestas com suas máquinas e seus exércitos de guerrilhas. Mas quando isso acontecesse, ficar-se-ia sabendo que o Grande Ciclo estava para chegar ao fim.

Em 830 A.D., a equipe de engenharia partiu de volta para o espaço, de volta para outras dimensões, de onde os maias continuaram a observar as coisas. Lentamente, os maias terrestres desapareceram nas florestas. A época de trevas estava se iniciando. Havia bastante certeza quanto à vinda dos conquistadores. Por volta de 830 A.D., Teotihuacan já havia sido saqueada. As tribos guerreiras que tinham o nome primitivo de Toltecas, o que significa Construtores Mestres, entraram no Yucatán. Foram introduzidos a guerra e os sacrifícios humanos.

Em seguida, porque os povos da Terra haviam começado a se esquecer da paz, da harmonia e da revelação divina, que haviam aprendido com Buda, com Cristo e com Maomé, outro homem foi enviado para baixo, desta vez no Novo Mundo. Este foi Quetzalcoatl, a quem os maias chamavam de Kukulkan. Ele viveu 52 anos, como Pacal Votan, entre 947 e 999 A.D., e teve a mesma tarefa ingrata dos seus predecessores: ensinar o povo a amar a seus semelhantes, a viver em paz e a ser grato. Provavelmente eles o ouviram e em seguida o traíram. Ah! sim, ainda uma outra coisa: antes de vocês zarparem em suas jangadas de serpentes, não se esqueçam de deixar-lhe as suas profecias.

Ah, as profecias! Elas previam treze céus e nove infernos, e cada um com um ciclo de 52 anos. O primeiro céu começou em 843 A.D. logo depois dos treze "anos mortos" depois da partida da equipe galáctica de engenharia. A vida de Quetzalcoatl se estendeu durante o terceiro destes ciclos celestiais. O décimo terceiro ciclo celestial terminou em 1519 e, em seguida, seguiram-se os nove ciclos infernais.

Na verdade, o primeiro dos nove ciclos infernais começou exatamente no dia em que Cortés fincou os pés em solo mexicano, num local conhecido por Vera Cruz, ou a Verdadeira Cruz. Naturalmente, para grande desgosto dos sacerdotes cristãos, um dos símbolos de Quetzalcoatl também era uma cruz. "Como essa cruz veio parar aqui?", pensavam furiosos e contrariados.

O nono ciclo infernal terminou em 16 de agosto de 1987, por ocasião da Convergência Harmônica. Vocês podem estar pensando se Quetzalcoatl/Kukulkan teria visto sua profecia sendo celebrada por tantas pessoas que mal o conheceram – e muito menos pronunciaram o seu nome! Mas este é o estilo maia – ele se infiltra por todos os lugares, tal como a névoa que percorre a floresta.

Do ponto de vista da equipe maia de engenharia galáctica, isso significou monitorar todo este espetáculo durante a próxima dimensão, juntamente com meu tio Joe Zuvuya: a Convergência Harmônica estava sintonizada com o raio! A população humana havia atingido cerca de cinco bilhões de pessoas. O mercado de valores em alta crescente estava para sofrer um colapso financeiro. A tecnologia e o materialismo haviam tomado conta do mundo. A aceleração havia atingido proporções exponenciais. O momento era apropriado.

E, como que respondendo a um sinal em sua programação genética, milhares de seres humanos responderam ao chamado da Convergência Harmônica. Retorno à Terra – estabelecer a paz com a natureza! Mas restam só 25 anos para que se conquiste isso, antes do final do raio em 2012. Acaso poderá ser feito? Como os maias sabem, o tempo dirá.

Tio Joe me contou que a equipe maia de engenharia está ansiosa para que este ciclo se encerre adequadamente. O que isto significa? Bem, este raio de 5.125 anos é, na verdade, o último quinto de um raio que tem quase 26.000 anos. Este grande raio de 26.000 anos corresponde a toda a fase evolucionária. A atual fase evolucionária é chamada de *homo sapiens* porque o *homo sapiens* emergiu durante a Era glacial há 26.000 anos, no início do raio. *Homo sapiens* significa humano inteligente. Nossa civilização é o auge materialista da esperteza do *homo sapiens*. Vocês não podem superar o que fizemos. E se continuarmos a fazê-lo, não restará nada para superar, e o alvo do ridículo seremos nós.

Da perspectiva dos Escoteiros Galácticos, nós, os humanos, somos uma coletividade de viciados. Somos viciados em estimulantes químicos e artificiais de todo tipo, e como fazemos com quase tudo, produzimos destruição tóxica. Os Escoteiros Galácticos riem de nós porque não podemos ver que somos o câncer da Terra. Eles riem porque não conseguimos enxergar que tudo está inter-relacionado: radiatividade, poluição com monóxido de carbono, câncer, AIDS, a camada destruidora de ozônio, os delfins agonizantes, o desaparecimento das florestas que atraem as chuvas, o terrorismo, a crescente capa de nuvens – tudo isso é uma peça única, a expressão de nossos vícios coletivos.

A raiz do problema está na cobiça materialista, que na verdade é uma fixação unidimensional. Somos os macacos nas costas da Terra, mas a Terra quer protestar contra o nosso hábito. Ela diz: "Humanos, é melhor prestar atenção, pois mamãe vai se sacudir, e suas costas vão se quebrar!"

A Convergência Harmônica foi muito maia. Ela nos fez compreender que o único caminho para a paz é através de um retorno à Terra, restabelecendo-se a harmonia com a natureza. A Terra está viva. Ela é natureza. Ela é maior e mais sábia do que nós. Ela nos alimenta. Ela nos contém. E, se necessário, ela nos destruirá. Se retornarmos à Terra, por que havemos de nos preocupar? A Terra sempre cooperou com a evolução de formas cada vez mais elevadas de vida. Por que não participarmos do espetáculo e voltarmos à corrente evolutiva principal? Seria muito mais divertido do que está sendo agora.

A Convergência Harmônica demonstrou que ainda há humanos suficientes com bastante força de vontade – mesmo que somente durante dois dias – para mostrar que estão dispostos a mudar de hábitos. Mas será que conseguirão se impor? Poderão as pessoas que fizeram a Convergência tornar-se suficientemente maias para voltar à corrente principal evolucionária?

Segundo tio Joe, em 2012 atingiremos um novo ponto evolutivo em que teremos novas possibilidades. Teremos a oportunidade imediata de desenvolver um modelo melhorado de nós mesmos – *homo terrestrialis* – o humano da Terra, o humano que colabora com ela. E, como um bônus adicional, esse novo humano planetário será presenteado com uma consciência galáctica.

O truque para vivermos essa transformação é simples: trata-se de perceber instantaneamente a mudança que podemos realizar, saindo de uma realidade tridimensional materialista e embotada, reconhecer que somos seres multidimensionais, num universo multidimensional! Mas antes de sermos transformados, temos de acordar e limpar a nossa ação! É hora da limpeza e já!

Meu tio Joe também me disse que podemos obter ajuda, mas somente se a quisermos. Quando se tem um vício, é necessário que ele chegue ao ponto em que a pessoa, homem ou mulher, saiba que a ajuda exterior é necessária, se se deseja acabar com o hábito. Tentar fazê-lo sozinho pode gerar arrogância e autodecepção. Você quer ajuda? Está pronto? Mesmo se não estiver, os Escoteiros Galácticos estão. O que me diz?

Lembre-se: para os engenheiros maias, este planeta é mais um projeto, uma escapada galáctica, um *thriller* planetário. Eles estão lançando as raízes para nós. O que nós não entendemos é como a jogada é importante. Nossa bola de cera está ligada a partes do universo com as quais nem sequer sonhamos e, se ela explodir, o abalo se refletirá no todo.

Então, continuemos. Esta é a entrada para o grande circuito, o majestoso Zuvuya. Ele existe por você e está em toda parte. Ele significa tempo. E o tempo é agora. E tudo o que terá de fazer é aprender como tornar-se um maia como meu tio Joe. Podemos fazer-lhe uma visita imediatamente.

2

COMO SURFAR O ZUVUYA E TORNAR-SE UM MAIA

Agora que lhe apresentei os maias, não só como construtores de pirâmides nas florestas, mas também como Escoteiros Galácticos e engenheiros sincrônicos, vamos ao encontro de um desses maias. É óbvio que eles são travessos. E sabem como viajar de um lugar para outro. Também são discretos.

Como localizamos um maia? Da mesma maneira como eles viajam de um lugar para outro. E como eles fazem isso? Eles surfam o Zuvuya.

Zoo-vu-yah! Não é difícil de pronunciar. Se você quiser, pode dizer Zoo-vu-yeah! Lembra-se de como o definimos? Um canal direto do circuito da memória. Agora vamos tentar entender este conceito. O que será um canal direto do circuito da memória? Para os iniciantes, vamos começar pelo *déjà vu*.

Todos já tiveram uma experiência de *déjà vu*. Você está perto de uma fonte de água potável prestes a tomar um gole de água, com a esperança de não borrifar água em você estragando sua maquiagem. Mas você se molha. Por quê? Porque exatamente no momento em que ia pôr seus lábios no fluxo de água, foi atingida por uma idéia engraçada. Onde você viu esta fonte anteriormente? Era mesmo uma fonte ou uma cachoeira? E havia alguém a seu lado dizendo. . . dizendo-lhe algo sobre. . . lembranças. . . lembrar-se?

E então você não saberia dizer se esse momento agora junto à fonte é de fato a lembrança, ou se a lembrança é na verdade a realidade. É isso! A realidade é o sonho! No momento em que você tenta forçar a passagem de volta para a realidade da queda d'água, que é mais real do que a fonte – puf! você fica um tanto desorientada. A água está molhando o seu queixo, não a sua boca, e seu namorado está ali no canto rindo de você.

O.k., você entendeu. *Déjà vu* significa que você já fez aquilo que está fazendo agora em outra ocasião, em outro lugar. Mas também se tem a impressão de que a realidade atual não é mais ou menos real do que a realidade da lembrança. Conclusão: existe mais do que uma realidade!

Naturalmente, alguém bem dentro de você sabe disso. Por exemplo: todas as noites você vai dormir e sonha. Mesmo que não se lembre do que sonhou, ainda sonha. Existe o seu corpo físico deitado, todo enrodilhado nas cobertas. Mas também existe esse *outro* você, lá fora, brincando. . . procurando a cachoeira!

Como provavelmente você terá notado, nos sonhos as coisas acontecem de forma diferente. Os rostos derretem. Cachoeiras *tornam-se* fontes de água potável. Encontramos pessoas que nunca vimos. Nada há de real, ao menos pelos padrões cotidianos de sua vida desperta. E, no entanto, tudo parece ser tão real. Você acorda de sopetão – aquilo não acabou de acontecer?

Acaso a realidade do sonho e a realidade do *déjà vu* podem estar inter-relacionadas?

Vamos apresentar mais um exemplo: a premonição, ou o que os meus amigos psicólogos chamam de experiência precognitiva. Como acontece de o rosto do seu irmão vir-lhe à lembrança, tão nítido como se ele estivesse bem na sua frente, quando você está passando roupa? Por que você tem a sensação de que algo está errado? O que vem a ser isto?

Posteriormente, nessa mesma tarde, você ouve sua mãe lhe dizer que o seu irmão sofreu um acidente quando estava esquiando a mil milhas de distância. Não se preocupe, ele está bem. Terá apenas de andar de muletas durante algum tempo. Você pergunta: quando aconteceu isso? E descobre que foi no momento em que estava passando a sua roupa. O tema musical do filme *The Twilight Zone* dança fantasmagoricamente pelos seus pensamentos.

Portanto, agora temos *déjà vus*, sonhos, premonições e. . . sincronicidade. Você notou que há uma eletricidade diferente no ar quando você e o seu amigo têm o mesmo pensamento ao mesmo tempo, e quando dizem algo juntos? O rosto de ambos revela um temor respeitoso e seus olhos observam tudo ao redor para assegurar-se de que não há ninguém presente. Não se trata apenas da questão de uma outra realidade, mas talvez. . . de outro você mesmo.

Pois bem, mas o que tudo isto tem a ver com o Zuvuya?

Vivemos numa cultura que em geral faz pouco de todo esse material. Se você pensar sobre isto vão achar você esquisito. É provável até que você *compre* o *National Enquirer* e finja que o está lendo enquanto espera a vez na fila do supermercado. Mas pense em todas essas pessoas que têm estas mesmas experiências todos os dias, entra dia sai dia. O que se passa?

Alguém está guardando zelosamente um segredo. Você tem esses tipos diferentes de experiências e elas até que são bastante freqüentes. E parece que elas estão ligadas – parece que há sincronicidade – mas ninguém lhe diz nada. Ninguém lhe diz o que significam. Eles ainda não estão ensinando o "*déjà vu* 101" na escola. Eles o estão mantendo na ignorância quanto ao assunto e, se for este o caso, por quê?

Antes que adotemos um ar por demais impressionante de conspiradores, vamos esclarecer o caso com meu tio Joe. Ele é o meu duplo da quarta dimensão e pode perceber as coisas com mais facilidade, visto que não está na terceira dimensão como nós.

Primeiro, então, deixe-me contar-lhe como tio Joe apareceu na minha vida.

Durante muito tempo, fui como você, vivendo minha vida física, tridimensional, sendo agredido e pilhado por *déjà vus*, por sonhos, premonições e sincronicidades aleatórias. Mas depois, como lhe contei no capítulo anterior, topei com o Zuvuya. A princípio, apenas uma palavra, uma simples idéia. Depois acabou me enfeitiçando.

Os arqueólogos o descrevem como a "língua secreta" que os antigos adivinhos maias usavam quando falavam sobre o que havia acontecido ou sobre o que iria acontecer. Quando se lê a língua do Zuvuya é como ler poesia, ou a letra de um rock esotérico. É fascinante, mas não é facilmente acessível. Trata-se de uma linguagem que está sempre emergindo ou refluindo, como as nuvens, em vez de simplesmente estar presente.

Em seguida, encontrei Hunbatz Men. Ele é um verdadeiro maia. Hunbatz estava fazendo uma palestra sobre astrologia maia numa escola básica de Washington, em Boulder, no Colorado. Estava vestido de branco e usava uma faixa na testa, em cuja parte frontal havia um círculo que incluía um quadrado desenhado no canto. Hunbatz declarou que o Zuvuya é um circuito pelo qual todas as coisas voltam a si mesmas. Este é um enigma metafísico. Podemos também defini-lo dizendo que cada coisa carrega em si a memória de si mesma.

Isto quer dizer que a sua localização no presente, em qualquer momento do agora, está no centro de uma laçada do infinito: o número 8 na horizontal. O futuro é um lado da laçada; o passado é o outro lado. Visto que essas laçadas estão continuamente em movimento, o que você é no momento presente está sendo ininterruptamente definido pelas lembranças que estão se encontrando nesse momento: o ponto central do número 8.

Se você estiver funcionando como um maia, nesse caso passado e futuro estão continuamente transmitindo suas lembranças para você – e você tem consciência do fato. Entretanto, durante a maior parte do tempo pode ser que você não perceba isso e, assim, não esteja no centro. Está em outro lugar qualquer, pensando sobre o carro na garagem, ou se os seus filhos estão se saindo bem na escola, ou se vai ou não obter aquela promoção no emprego.

Esses tipos de pensamento, que estão acontecendo durante a maior parte do tempo com poucos intervalos entre eles, são como sacos de areia empurrados contra os portais do canal de acesso direto à memória, o Zuvuya. Só há exceções quando você permite que algum pequeno intervalo ocorra tal como um aleatório *déjà vu*, uma premonição ou a sincronicidade.

Comecei a trabalhar com o Zuvuya, posicionando-me no centro da laçada do infinito e tentando equilibrar minha consciência naquele minúsculo ponto da laçada onde o passado e o futuro se cruzam um com o outro. Sintonizo-me ali. Foi quando apareceu tio Joe.

Cada um de nós tem vozes no interior da cabeça. Dentre todas elas, há uma voz que é mais verdadeira do que todas as outras. Esta é a voz da sua intuição, o seu *Eu* superior, o seu poder mais elevado. As pessoas costumam dizer que ela é a sua consciência. O que é essa intuição que acabou adquirindo uma voz?

Do ponto de vista maia, a intuição é a atividade do canal direto da memória, o Zuvuya. A voz na *minha* cabeça, que por fim eu descobri, era a voz do tio Joe: Joe Zuvuya.

"Quer saber de uma coisa?", ele perguntou, sobressaltando-me em meio a uma de minhas sestas.

"Quem é você?", perguntei, reconhecendo a voz como a mais velha que já conhecera e de que podia me lembrar. Neste momento, contudo, era como se a estivesse ouvindo pela primeira vez.

"Sou o seu duplo dimensional, tio Joe Zuvuya." Esta resposta me fez ficar pouco à vontade, como se alguém estivesse querendo pregar-me uma peça. No entanto, ao mesmo tempo que sentia esse mal-estar que me fazia transpirar, senti-me surpreendentemente sintonizado. "Pois bem", pensei comigo mesmo, respirando bem profundamente, "seja lá o que for – um Don Juan, um trapaceiro ou um coiote – estou pronto!"

"Duplo dimensional?", perguntei-lhe. "O que significa um duplo dimensional?"

"Em primeiro lugar, meu caro, há algumas coisas que terá de aprender se quiser continuar a dizer as coisas que diz e a fazer as coisas que faz", respondeu. Apesar de os seus maneirismos estarem repletos de gíria cósmica, pude perceber que falava a sério.

"Pois bem, fale comigo", eu disse, descontraindo-me para participar de uma conversa que prometia ser interessante. "Fale-me sobre o meu duplo dimensional."

Eis o que tio Joe me contou.

Cada um de nós nasce com um duplo dimensional, que é o mesmo que a alma, ou o Eu superior, ou o nosso Eu mais elevado. Porém, não se trata de uma mera imagem. O duplo dimensional existe.

Para entender isto, a melhor maneira é a seguinte: o corpo para o qual você olha no espelho é o seu corpo tridimensional. O plano físico consiste em tudo o que você puder medir, pesar e comprar para a sua casa. A ciência lida apenas com esse nível. É tudo o que você toca, saboreia, cheira, ouve e vê. Mesmo os mais sofisticados instrumentos de precisão utilizados pela ciência não saem do plano físico, a terceira dimensão. Portanto, tudo o que você conhece e tudo o que lhe ensinaram a respeito do que é real, é apenas o *feedback* de um mundo físico e tridimensional.

É óbvio que existem outras dimensões.

O duplo dimensional pertence à quarta dimensão, a seguinte. Ele está presente todo o tempo, tentando dar ao ser tridimensional as informações que podem ajudá-lo, caso este esteja pronto a ouvi-las. Todas aquelas sincronicidades, os *déjà vus* e as premonições, bem como todos aqueles sonhos – trata-se do seu duplo dimensional representando o seu espetáculo – tentando atrair a sua atenção.

"Qual é a sua aparência, tio Joe? Você tem um corpo?", perguntei-lhe, sentindo-me grato por qualquer informação a respeito.

"A não ser pelo fato de as minhas moléculas serem mais espalhadas e vibrarem numa freqüência ao menos dez vezes mais rápida do que as suas moléculas tridimensionais", ele respondeu com grande paciência, "sou a cópia maia de você."

"Qual é o seu papel, tio Joe? Por que está aqui, e o que está fazendo por mim?"

"Já chegaremos lá, meu camarada", ele respondeu com o que, por certo, parecia ser uma bem merecida familiaridade.

"Sou o seu circuito de memória, o encarregado do canal direto, o zelador do seu Zuvuya. Como vê, investi em você. Não apenas cuido das suas contas, mas estou interessado em que mantenha o seu rumo porque, se ficar firme, obterei mais lucro do meu investimento. Também sou eu quem providencia para que a informação que obtenho do alto passe para você. Contudo, é preciso que mantenha as linhas livres durante todo o tempo; caso contrário, será um esforço vão."

"O que quer dizer ao afirmar que investiu em mim?", perguntei ligeiramente insultado pelo fato de tio Joe pensar em mim como em alguma espécie de mercadoria.

"Arrepiou as penas, hem?" Pude ouvi-lo rir. "Meu investimento em você é o seguinte: estamos juntos nisto. Você é a propriedade que tenho na terceira dimensão. Todavia, serei apenas tão bom quanto você for firme. Quanto mais certeza tiver das suas intenções neste planeta, tanto mais luz posso derramar sobre você; quanto mais luz eu puder lhe dar, tanto mais fácil você tornará o meu trabalho."

"Bem, em que consiste o seu trabalho, tio Joe?" Eu estava ficando intrigado.

"Meu trabalho consiste em providenciar para que tenhamos uma comunicação mútua tão clara que estejamos inteiramente de acordo quando você tiver percorrido o seu trajeto, quando você estiver pronto para liberar esse corpo, de modo que eu e você tenhamos esse nosso canal de comunicação tão limpo que não haja nada obscuro entre nós.

Quanto mais depressa pudermos convergir quando você morrer – quando o seu corpo deixar de viver – tanto melhor. Porque a escolha do que acontecerá em seguida é *nossa*, bem como o lugar para onde iremos, sacou? Podemos até mesmo convergir harmonicamente agora, e nos adiantarmos ao jogo! É por isso que eu disse que é tão importante que você permaneça no rumo."

"Mas, tio Joe, o que quer dizer com o meu rumo?"

"Isso é simples, meu chapa. O seu rumo é manter a sua integridade."

"Isso é fácil de falar. Mas exatamente no que consiste a minha integridade?"

"Sua integridade é a soma total das suas imperfeições. . ."

"Das minhas imperfeições?", cortei a palavra do tio Joe, esbravejando e bastante ofendido.

"Sim, das suas imperfeições. Porque são elas que você está tentando ocultar todo o tempo. E quando está tentando ocultá-las, bem, então você não é você mesmo. Você não está sendo autêntico, não está sendo íntegro. Veja: a grande ironia é o seguinte: cada um de nós é nada e é tudo ao mesmo tempo. Não somos nada porque, evidentemente, há muito mais coisas no universo além de nós. Comparados com o resto do universo, não somos nem mesmo uma pinta nas costas de uma mosca. No entanto, somos tudo aquilo que sabemos.

"Veja você, tudo o que sabemos acerca do universo chega até nós através desse nosso ser infinitesimal e minúsculo. E este ser que somos, mesmo com suas verrugas e tudo o mais, é a nossa dádiva. Trata-se da nossa própria vida. Somos tudo o que temos para dar e não temos de nos envergonhar disso. Você não tem de se envergonhar. Quando se aceitar totalmente, então sim, estará sendo íntegro. Então poderá existir. E se não tiver medo dessa integridade, poderá então seguir o seu caminho. Há algo mais que você queira saber?"

"O que quer dizer tudo isso, tio Joe?"

"Que, se não fosse por mim, você não seria como é."

"Ora, espere um pouco, tio Joe. Gastei um bocado de tempo me enfeitando, escolhendo minhas roupas, criando um estilo pessoal. O que quer dizer com isso?"

"Bem, é como eu disse. Você é o meu investimento – o meu pedaço de terra, o meu imóvel no plano físico. Quando você é um bom inquilino, quando é íntegro e está certo das suas intenções, nesse caso, ponho mais fé no meu investimento. Isso lhe dará certa luz e encanto. Algumas vezes isso chega a se traduzir por um certo carisma. E quando você não é um bom inquilino, então recolho a minha luz – para deixá-lo saber que, mesmo que não saiba, não está sendo um bom inquilino. Quando recolho a minha luz, você fica parecendo um bobo."

"Então você é um ser de luz. . . um corpo sutil?"

"O *seu* ser de luz e o *seu* corpo de luz, meu querido."

"Isso é revigorante. E todos têm um?"

"Claro! Por certo que sim, embora hoje em dia a maioria das pessoas esteja vagamente ciente disso. Você pode até chamar o seu duplo dimensional de corpo de sonho. É ele que dá os seus recados quando você dorme. Ou você pode chamá-lo de seu anjo da guarda. Ele vem junto com tudo o que for seu. No momento em que você nasce, ele nasce com você.

"Pode parecer que as pessoas que morrem em acidentes o fazem por não terem prestado atenção aos seus duplos dimensionais, aos seus anjos da guarda. No entanto, pode ser que o duplo esteja apenas dizendo: 'Surpresa! O acidente é um ensinamento. Por enquanto, nada mais temos a fazer aqui. É tempo de partirmos para outro lugar.' A verdade é que o segredo dos maias está todo no seu corpo sutil. Ele é o zelador do Zuvuya, você se lembra? Foi neste ponto que começou toda esta conversa."

"Ah, sim", respondi. "Fale-me mais sobre isso. Como tudo isso se relaciona com os maias?"

"Como você vê, o segredo dos maias está no fato de eles viajarem pelo Zuvuya."

"Gosto disso, tio Joe. Parece uma canção: Os viajantes do Zuvuya!"

"Viajantes do Zuvuya, sonhadores das estrelas que introduzem profecias por entre as brechas de nossos conceitos. . ." Tio Joe cantou um pouco e deu boas risadas antes de continuar em seu estilo informativo: "Certo; os maias estiveram e estão muito à frente no jogo, principalmente no que se refere a vocês, humanos, visto que eles estão totalmente conscientes em seus corpos sutis, todo o tempo. Isso significa que estão sincronizados consigo mesmos e, simultaneamente, com o futuro e o passado.

"O que vocês, seres humanos, têm de fazer é ficar conscientes de seus corpos sutis. Isso é muito melhor do que comprar um carro novo ou um aparelho de som qualquer dia destes. Isso porque, quando se está ligado no corpo sutil, pode-se viajar por onde se quer, ouvir o que se desejar e ver tudo o que se tiver vontade de ver."

"Ora, vamos e venhamos, tio Joe. Isso não parece um pouquinho fora do alcance?" Balancei a cabeça com certa irritação.

"Pode ser. Mas bastante incrível também, isso eu lhe garanto. É a pura verdade. Os homens não conhecem a coisa mais primária e necessária nesse jogo interdimensional. É por isso que estão tão atolados. Vocês acreditam apenas numa dimensão – a terceira – quando já dispõem do equipamento para jogar com mais dimensões – ao menos com a quarta e, quem sabe, a quinta."

"A quinta dimensão! Fale-me sobre ela, tio Joe", eu disse, lembrando-me vagamente da era do rock em Woodstock, onde havia um grupo com esse nome.

"Muito bem." Ele fez uma pausa para pensar, e depois prosseguiu. "Aqui onde eu estou ainda existe um mundo que se parece com o seu. Ele tem o seu próprio tipo de substância, embora tudo se mova com um ritmo vibratório mais intenso. Além de anjos da guarda como eu, a quarta dimensão tem uma população própria: fadas e todo tipo do que vocês chamam de seres espirituais. Aqui na quarta dimensão há muito mais fluidos. Eis aí porque posso transmitir as informações tanto do passado como do futuro. Informações sobre coisas que, caso contrário, você não seria capaz de contactar.

"Contudo, não estou no topo. Acima de mim existe a quinta dimensão. Além dela, há dimensões contínuas até a décima segunda. Há treze, se você conseguir chegar a Hunab Ku. Agora, é na quinta dimensão onde os caras da pesada circulam."

"Os caras da pesada?", perguntei.

"Bem", tio Joe soltou uma gargalhada. "Eu deveria dizer *os caras leves*, pois eles não são nada pesados. São pura vibração eletromagnética. Não se pode pesar esse tipo de material."

"Mas, então, quem são esses caras, tio Joe?"

"Olha, eles são executivos-chefes. No que diz respeito ao seu planeta, os caras da quinta dimensão são aqueles que estão a cargo dos programas planetários; eles obtêm as transmissões diretamente do Sol. O Sol obtém seus programas de outras estrelas, e também da central galáctica, Hunab Ku. O que é importante que compreenda é que, quanto mais claro você for comigo, tanto mais receberei a informação vinda da quinta dimensão."

"Está bem, tio Joe", respondi. "Você faz esses caras parecerem com esses *disk jockeys* ou apresentadores. Mas o que é isso de programas planetários transmitidos do Sol, tio Joe?"

"Ah, agora o nosso papo está esquentando, não é? Sabemos que todos os arqueólogos pensam que povos como os antigos maias eram adoradores do Sol. Porém, o modo como os arqueólogos descrevem o culto ao Sol dá a impressão de algo supersticioso. Mas isso ocorre porque tanto os arqueólogos como os cientistas estão vendo as coisas apenas desta terceira dimensão. Quero dizer, você não acha que aqueles arqueólogos iriam pensar que você é meio 'pancada' só por estar falando comigo deste jeito? Percebe o problema?"

"Não resta dúvida sobre isto, tio Joe", respondi. "Mas continue, fale-me sobre os programas planetários do Sol. O que eles têm que ver com o Zuvuya? É provável que o Zuvuya seja o circuito de todas estas dimensões que você andou descrevendo?"

"O.k. É provável que captemos uma transmissão da central galáctica Hunab Ku aqui. Ela chega em correntes e raios. Também chega em diferentes faixas dimensionais. O que são esses raios transmissores? Ondas de luz? Ondas de rádio? Ondas de gravidade? Ou mesmo ondas de informação genética? É tudo isso aí, com certeza.

"Bem, todas estas ondas contêm informação; elas vêm em formação. Entendeu? Onde quer que haja uma outra forma com uma freqüência de onda semelhante, estas ondas galácticas de Hunab Ku encontram o seu alvo. Isso se chama ressonância – um encontro de formações de onda semelhantes. Você sabe, meu chapa, você é uma forma de onda ressonante e você mesmo ressoa. E isso tem algo que ver com aquele assunto de integridade sobre o qual andamos falando antes! Hi, hi, hi!"

Agora eu estava me impacientando outra vez. "Volte ao assunto dos programas planetários e do Zuvuya, tio Joe!"

"Calma, rapaz. Você *é* o programa planetário do Sol, e quando você viaja no Zuvuya, quero dizer viajar nele de verdade, e não só ficar lidando com esse material de *déjà vu* e de sincronicidade, você está processando o grande circuito. Você está entrando no banco de memória do céu, você está voando!"

"O que quer dizer com eu ser o programa planetário do Sol?"

"Vou dar-lhe uma pista, garoto. De onde você acha que vem? Quem você pensa que é? Quero dizer, do que acha que é feito? Qual é a sua verdadeira natureza? Já lhe ocorreu que você talvez seja uma transmissão, um anúncio especial de serviço destinado a ser transmitido apenas neste período de tempo?"

"Hum?" Tio Joe estava indo depressa demais. Eu me sentia como se estivesse perdendo minhas bolinhas de gude. Quaisquer pensamentos que ainda tivesse estavam jorrando do meu cérebro e espalhando-se por todo o chão de uma maneira inteiramente aleatória.

"Calma, meu caro! Eu não pretendia deixá-lo tão irritado, se posso falar assim. Mas vamos endireitar isto já, já. Biologicamente, você é o resultado de uma estrutura particular de programas DNA. Esta estrutura de programas é a sua forma de onda. Essa forma de onda é única, devido às suas imperfeições, que quer dizer o mesmo que a sua integridade.

"E por que é uma forma de onda? Porque o DNA vibra. O DNA tem a sua própria estrutura vibratória. Trata-se de uma forma de onda porque você também é eletromagnético. Suas extremidades nervosas, suas ondas cerebrais, sua. . . radiação. Você é um cara radiante, sabia disso? E graças a mim. Não pretendo roubar-lhe a cena, mas quanto antes você começar a entender o meu papel nos seus negócios tanto melhor será para nós dois. Esta é uma situação duplamente vitoriosa, se é que alguma vez houve uma! Se eu vencer, você vence. Se você vencer, eu venço, e nós todos vencemos juntos. Lembre-se: você não quer brigar com o seu duplo dimensional!

"Está bem, sei que está impaciente, mas a coisa é assim mesmo: você é uma forma de onda, como o planeta. O Sol também é uma forma de onda. Você está na Terra e é da Terra. Você sente os raios ardentes do Sol. Como poderia estar separado da Terra e do Sol? Você não pode. Sua forma de onda, a forma de onda da Terra e a do Sol estão juntas e se complementam – de algum modo.

"Vocês não só estão envolvidos pelo mesmo programa galáctico mestre, como também afetam um ao outro. Sei que atualmente nenhum dos seus cientistas quer acreditar nisto, mas é a verdade. Na verdade, você afeta tanto o Sol quanto este o afeta, e lá embaixo, no centro da Terra, existe uma imagem 'fiel' de você!"

"Convenhamos, tio Joe, você de fato está forçando a barra", desabafei, sentindo-me como se minha cabeça fosse explodir. Surpreendi-me cogitando sobre se é assim que os leitores de *O Fator Maia* e de *Earth Ascending* devem sentir-se quando tentam entender o que estou dizendo.

"Ouça", tio Joe continuou, tentando visivelmente me acalmar. "Fiz o melhor que pude. Não é minha culpa se você é tão unidimensional que os fatos da vida lhe soam como uma reeducação. Preste atenção: o que estou tentando lhe dizer é que o Sol é um holograma da Terra e que a Terra é o seu holograma. O câncer de que vocês humanos sofrem é, na verdade, o holograma do excesso de humanos na Terra. Neste ponto do tempo, a Terra pensa que vocês humanos são um câncer, sabia disso? Coloque-se na posição da Terra e pense nos homens do ponto de vista da Terra. O que você vivencia como certos pensamentos ou premonições ou lampejos óticos são meios que o seu cérebro encontra para traduzir uma memória solar para você. É isso mesmo: memória solar!

"Tudo isso pode parecer uma coisa que só está acontecendo na cabeça. Eu sei disso. Mas quando viaja no Zuvuya, você fica ligado no seu duplo dimensional; sua comunicação comigo está livre de estática. Quando a comunicação está isenta de estática, ela é extática! Isso significa que você foi além da estática. Legal essa, não?" Tio Joe parou outra vez de falar, rindo da própria piada. Mas recuperou o fôlego.

"Você – e esse invólucro de carne que chama de lar – age como se fosse um fio-terra para o seu guardião Zuvuya da quarta dimensão. Se posso fantasiar um pouco com você, devo dizer que seu corpo tridimensional é para mim como uma *bateria bio-eletromagnética*, ou uma espécie de cabo de ligação com a Terra.

"Dependendo de suas necessidades, e usando o seu ser tridimensional como bateria, você pode enviar-me, seu duplo dimensional, em vários tipos de missões, com sua consciência e seus sentimentos. Também pode ficar consciente, ou semiconsciente ou adormecido durante essas missões. . . Mas, ainda assim, você pode enviar-me para cumprir pequenas missões intergalácticas interdimensionais."

"Legal! Mas qual é a vantagem disso, tio Joe?"

"Escute aqui: você quer ser um maia ou não?", rugiu ele fogosamente. "A vantagem é a seguinte: seu duplo dimensional na sua dimensão pode fazer coisas que podem ajudar a sua vida, coisas que você não pode realizar aqui. Um pouco de conhecimento sobre as coisas como de fato *são* pode livrá-lo de um monte de problemas. A menos que goste realmente de sofrer."

"Bem, então que tipo de coisas o duplo dimensional pode fazer?", perguntei, sentindo-me como se estivesse fazendo uma acareação.

"Coisas como ir até o centro da Terra", respondeu tio Joe despreocupadamente. "Ou até mesmo ao centro do Sol. Você sabe que a 'Estrada de Tijolos Amarelos' do Mágico de Oz não era mera fantasia." De repente, tio Joe começou a cantar sua maravilhosa versão de *Somewhere Over the Rainbow*. Sinos badalaram dentro de mim. Minha impaciência com tio Joe se desfez e, à medida que a canção foi sumindo, ele também sumiu.

No entanto, ele me dera uma porção de coisas em que pensar. E provou ser um amigo verdadeiro. Um amigo leal. E, sobretudo, sei que *você pode* fazer aquilo de que ele esteve falando. Na verdade, é isso que o programa diz que devíamos estar fazendo agora: fazer a ligação com os nossos duplos dimensionais, ou seja, com nosso corpo luminoso. O raio do qual estive falando no último capítulo, e que encerrará sua influência dentro de 25 anos, tem que ver com todo esse processo. Por volta de 2012 A.D. seremos os representantes da terceira e quarta dimensões, ou os surfistas do Zuvuya surfando numa enorme onda galáctica, aptos a sintonizar-nos com os maias.

Observação inteligente, hem?

3

O TEMPO NA CONCEPÇÃO DOS MAIAS

Agora você deve estar achando que, ao deixar tio Joe falar como o fez, os maias vão ficar fora de cena. Mas, voltemos aos maias, os maias autênticos. Voltemos aos maias que mantinham o que achamos ser um calendário "quente"; aos maias que conhecem tudo o que se refere ao tempo. O que é tempo? Antes do relógio Rolex já existia o tempo? Pode-se dizer as horas sem um relógio?

Segundo os maias, o segredo do tempo é estar em sintonia – sincronizado. Será que isso significa que os maias não sentem a defasagem do tempo? Quando se está fora de sintonia, vive-se falhando, como o motor de um carro que precisa ser regulado. Isso não é maia. Ser maia é ser o seu próprio relógio.

De fato, para principiantes, podemos dizer que o que faz um maia, um maia legítimo, é o fato de ele estar na hora certa – atualizado consigo mesmo e com a realidade, sincronizado com o seu relógio interior e com o do seu duplo dimensional. Tanto faz que seja homem ou mulher. Lembre-se de que quando você está na sua integridade, o seu duplo dimensional está presente, como um espelho de luz ou um espelho do tempo, dando-lhe os lampejos dos próprios circuitos de memória. Estar em sintonia com o duplo dimensional é como ter um relógio digital interior.

Ora, o que exatamente é este *tempo* medido pelo relógio e com que está sincronizado? Os Alcoólatras Anônimos – AA – dizem "um dia por vez", o que é um bom conselho. Isso significa: "Vá devagar, meu amigo, e fique no presente." Podemos dizer que um dia é a nossa medida de tempo. Mas o que é um dia?

A Terra gira uma vez em torno do seu próprio eixo. Isso é um dia. Se você está parado num local da Terra, metade do tempo estará olhando para o Sol e a outra metade na direção oposta. Ambas as metades, juntas, formam o que denominamos de um dia. Os maias denominam um dia de *kin*. Gosto de pensar em *kin* como na expressão *next of kin*, que significa os membros da família de alguém, os parentes mais próximos.

Gosto de pensar assim, visto que a palavra maia para o dia, *kin*, também significa Sol. Portanto, o Sol é o seu parente mais próximo. É com ele que você se relaciona. Seu irmão Sol, seu pai Sol, sua mãe Sol e sua irmã Sol. Como você preferir. Uma única família. E, naturalmente, dependendo do planeta em que se está, e do sistema estelar, o *kin* será sempre diferente – mais curto, mais longo, mais longínquo ou mais próximo!

Desta forma, você pode ver como o conceito de dia é relativo. Exatamente como o meu tio Joe, o meu duplo. Ele é o meu verdadeiro parente mais próximo! A cada dia ele é o meu corpo sutil e duplo dimensional, e também o meu agente solar especial. Gosto de imaginá-lo como o meu parente mais próximo com o seu sorriso largo e luminoso.

E por falar em tio Joe, desde que comecei a me relacionar com ele e reconheci melhor o papel que ele representa na minha vida, ele começou a fazer cada vez mais viagens em meu benefício. Ele diz que isso cria uma sinergia onde ambos vencemos, como acontece ao se esfregar dois pedaços de madeira para se obter o fogo. Os dois pedaços de madeira representam a terceira e a quarta dimensões, e o fogo é a sinergia ou a unificação e o conhecimento que resultam do fato de as fazermos atuar juntas. Esse é o esquema do jogo – vencem os dois lados, interdimensionalmente. O que isso significa é que, quanto mais eu tento permanecer na minha integridade, tanto mais luz tio Joe me dá; quanto mais luz ele me dá, tanto mais eu a irradio de volta para ele; e quanto mais eu irradiar luz para tio Joe, tanto mais energia ele obtém para ativar aquilo que eu preciso saber!

Seja como for, assim que estabeleceu contato real comigo, tio Joe começou a levantar vôo regularmente e a interceptar o que chama de Midway Station. Isso fica em *algum tempo* além do sistema solar (tio Joe não diz em algum lugar ou em alguma parte; em vez disso, diz *em algum tempo*). Ele diz que essa "Estação a Meio Caminho" é operada pelos maias de dois sistemas estelares diferentes – Arcturus e Antares. Assim, ele a chama de Arcturus-Antares Midway Station ou, para abreviar AA Midway Station.

Quando está na AA Midway Station, tio Joe tem uma ótima visão do alto. – "Quando estou lá", diz ele, "por certo o tempo é relativo! Lá longe, na Midway Station, o tempo é tão relativo que dizemos 'um Sol de cada vez'. Também dizemos: 'um kin de cada vez'." Lembre-se: quando se está em outro lugar do universo, os ciclos de tempo são diferentes – são mais longos ou mais curtos – e quando se está lá, fica-se nesse ciclo de tempo.

Naturalmente, a equipe maia de engenharia sabia (e sabe) que o tempo é completamente relativo. Pode-se imaginar o problema deles, tendo de viajar para tantos sistemas estelares e planetas diferentes, nos quais a duração dos dias são ligeiramente diferentes – pelo menos da nossa perspectiva no planeta Terra. Por exemplo, doze anos terrestres são iguais a um ano de Júpiter. Então, se você for a Júpiter e ficar lá durante 12 anos, terá se passado apenas um ano? Não é de admirar que se tenha de ficar em sincronização consigo mesmo para ser um maia. Pois os maias, surfando nos seus raios do Zuvuya, digitalizados através de seus duplos dimensionais, entram e saem de dimensões, relacionando-se e sorrindo sempre.

Fazer esse tipo de "viagem no tempo" facilmente requer uma velocidade que seja ao mesmo tempo constante e flexível. Necessita-se de um coeficiente Hunab Ku, ou seja: uma constante galáctica que lhe permita colocar coisas de proporções diversas na mesma escala; um coeficiente interdimensional que não muda mas que pode expandir-se e contrair-se para adaptar-se a qualquer tamanho, distância – ou dimensão. Tio Joe denomina esse coeficiente de "o *kazoo* deslizante de Hunab Ku".

"É um *kazoo* porque ele é um instrumento musical onde você pode tocar qualquer canção que queira", explicou tio Joe. "E é deslizante porque se expande ou se contrai para acomodar qualquer oitava, dependendo da distância em que estiver de uma estrela ou da própria fonte galáctica."

"Ora, convenhamos que isso é complicado demais, tio Joe! Onde é que já se viu combinar oitavas e distâncias? É como misturar maçãs e laranjas!"

"Bem, meu caro, veja se você pode entender a coisa assim: tudo se expande como uma esfera de uma fonte central, quer essa fonte seja o seu planeta, uma estrela, como o seu Sol, ou um centro galáctico. O ponto em que você está agora estabelecerá o seu relacionamento com a fonte central. Se desenhar um traço unindo o lugar em que está com a fonte central, essa seria a sua linha do horizonte. Assim, como vê, de onde você está, uma distância é uma medida horizontal e uma oitava é um coeficiente vertical. Quanto mais perto do centro estiver, tanto mais curto o *kazoo* e mais alta a oitava. Quanto mais longe estiver do centro, maior é o *kazoo* e mais baixa a oitava. Não importa o comprimento do *kazoo*, a oitava que tocar contém notas que estão respectivamente em ressonância e têm a mesma proporção em relação umas às outras. Ainda se trata de uma oitava. Ta ta ta taa ta tat ta ta taaaaa ta taa!" Tio Joe irrompeu a cantar uma canção triunfal como se estivesse soprando um *kazoo* a repercutir por todo o mundo.

"Acaso isso quer dizer que em Urano a minha oitava será 84 vezes mais baixa e lenta do que na Terra?"

"Pode-se dizer que sim! Veja, se posso tocar uma oitava, onde quer que eu esteja, então sempre poderei estar em sintonia comigo mesmo. É dessa forma que os maias conseguem estar sincronizados."

"Tio Joe, isto é piegas demais. Vamos falar de coisas mais sérias", retruquei exasperado.

"Muito bem. Então você quer falar sério. Já que é assim, faça o seguinte: Não se iluda com as aparências mas torne-se um mestre da ilusão", respondeu tio Joe com frieza.

"O que quer dizer com isso, tio Joe? Pensei que a gente estivesse falando do tempo, agora estamos falando de filosofia – ou será tudo brincadeira. O que é que há?"

"Seja paciente. Você está tomando um rumo errado. Está considerando que o tempo é apenas algo que pode medir, como uma régua graduada que começa numa ponta e termina na outra. Esse é o tempo superficial, o tempo horizontal. Você se esqueceu do tempo vertical."

"Tempo vertical?", arquejei.

"Sim, tempo vertical."

"Mas o que o tempo vertical tem que ver com a ilusão?", exclamei em voz alta, sentindo-me completamente perdido.

"Está bem, meu garoto, a coisa é mais ou menos assim: tudo o que vem até você é uma aparência de algum tipo e, se não for cuidadoso, ficará confuso e decepcionado. Agora, por que é assim?" Quase sem fazer uma pausa, tio Joe já estava pronto para responder à sua própria pergunta. "Tudo o que você ouve, ou vê ou até mesmo toca é vibração. Quando você fica confuso, isso é sinal de que perdeu contato com a sua própria vibração, com a sua própria freqüência, e você é invadido por outras vibrações. Sua forma de onda torna-se desequilibrada. Portanto, como todo maia inteligente sabe, não ser iludido pelas aparências significa estar com a sua freqüência vibratória em todas as ocasiões."

"Porém, ainda não entendo o que isso tem que ver com o tempo, tio Joe."

"Bem, é algo assim: quando você está em sintonia com a própria freqüência, você se dá conta daquilo que chama de sincronicidades ou *déjà vus*. O que de fato fez foi sintonizar o seu corpo tridimensional com o tempo vertical. Veja: o tempo maia é uma série de registros deslizantes de freqüência ou oitavas que o ligam *verticalmente* com a quarta dimensão. É mais ou menos como ir pescar no gelo. De um lado do gelo, há ar que pode ser comparado à terceira dimensão. Do outro, há água circulando ciclicamente, como a quarta dimensão.

"Na quarta dimensão, o tempo é radial e cíclico. É passado e futuro simultaneamente. É como ver o mapa inteiro. É tudo *déjà vu* e sincronicidade e, sendo assim, você não pode medir o tempo com uma régua milimetrada. Quando a sua consciência está clara e sincronizada com as oitavas do tempo vertical, você sente o tempo como ciclos simultâneos, sincronizados com o seu corpo. Nesse instante, você começa a ressoar, meu caro. Na verdade, eu deveria dizer que você está *transistorizado*. O tempo maia é um tempo transistorizado. E quando você fala de transistores e de ressonância, você está falando de números – os que descrevem níveis de freqüência de onda e coeficientes – as oitavas de que você tanto gosta."

Transistorizado. Tio Joe pronunciara a palavra com tanto encanto... Transistorizado? Uau! Eu podia sentir um transistor, semelhante a um pequeno circuito, bem no meio da minha cabeça, transmitindo sinais – da quarta dimensão? Tive um estalo súbito de compreensão. Passou vertiginosamente pela minha mente *transistorizada* a imagem de um tabuleiro holográfico esférico a vibrar, expandindo-se em todas as direções e descendo em espiral por um longo tubo.

"Entendi, tio Joe. Quando estamos transistorizados, somos a constante galáctica. Ou, eu sou. Ou, qualquer ser é. E quando esse ser está em sua forma de onda, não importa onde vai estar – em Júpiter, em Urano ou até mesmo no centro galáctico! – o importante é estar sincronizado. Certo, tio Joe?" Desta vez, senti-me triunfante em minhas negociações com meu mentor invisível.

"Correto, meu caro." Tio Joe apressou-se em responder depois de se assegurar de que eu não ficasse pensando que era esperto demais. "De fato, eu iria ainda mais longe. Eu diria que cada um de vocês humanos é como um *walkie-talkie* galáctico constante. A coisa mais incrível de tudo isso é que vocês estão ligados, através de suas ondas cerebrais, durante todo o tempo e simultaneamente às ondas da Terra, às ondas solares e às ondas galácticas. O espetáculo inteiro. Todavia, a maioria de vocês não compreende que tudo o que têm de fazer é abrir um buraco no gelo e pescar interdimensionalmente!"

"E, quando não compreendemos isto, também não cortamos nosso buraco no gelo", interrompi, "porque estamos confusos e iludidos pelas aparências."

"Pode estar certo disso! Afinal, você compreendeu!", tio Joe exclamou.

"Portanto, isso significa que o 'calendário' maia é um índice que combina nossos níveis tridimensionais de freqüência com as freqüências da quarta dimensão? Nesse caso, então, se você estiver ligado por circuitos ou estiver transistorizado, não importa onde se está porque os níveis galácticos de freqüência são constantes; não importa a que distância esteja do centro galáctico, certo?"

"Está ficando tão esperto que logo não precisará mais de mim, menino", tio Joe riu de satisfação. "E, visto que tudo é da, pela, para e se origina na galáxia – hi, hi! –, não há nada que esteja fora dos níveis de freqüência interdimensional galáctica – não importa onde se esteja. Portanto, você tem razão; realmente, não importa onde se esteja."

Sentei-me um pouco, sentindo-me muito leve. Então me lembrei de que tio Joe dissera outra coisa diferente. "Mas, tio Joe, você disse, 'não se iluda com as aparências, mas torne-se um mestre da ilusão'. O que é esse negócio de 'mestre da ilusão'? O que tem a ver com tudo o que dissemos?"

"Foi por isso que mencionei o *kazoo*, seu palerma! Ser um mestre da ilusão significa sintonizar-se com o tempo vertical e canalizar os harmônicos do momento presente."

"Os harmônicos?", perguntei.

"Sim, harmônicos. Todos os níveis de freqüência do tempo vertical, lembre-se, são *oitavas*. Literalmente, você pode recriar o tempo quadridimensional tocando esses níveis de freqüência. Pode fazê-lo usando cores para criar uma pintura, ou", ele riu às escondidas, "soprando um *kazoo*! E quando tocar a nota fundamental de um acorde, dominará o mundo vibracional das aparências. Através da sua música, você está harmonizando o mundo das aparências com a quarta dimensão. E, lembre-se, cada oitava tem seus sons harmônicos. Portanto, na terceira dimensão, o tempo quadridimensional é recriado ou trazido à existência através dos sons harmônicos da música, da luz e da cor. O som tem suas oitavas e assim também a vista e até mesmo o olfato. Uau! Você tornou-se um mestre da ilusão! Agora você está sob os refletores, meu caro! Está na hora do *show*!"

Com um par de estranhos e sobrenaturais assopros ultrassônicos em seu *kazoo*, tio Joe se foi. Quando pensei sobre esse encontro, compreendi que ele explicara uma porção de coisas, não só sobre o porquê de os maias terem sido tão bons artistas *e* matemáticos, mas muito mais – mais do que a minha mente podia assimilar.

Portanto, o calendário maia, a escala de 260 unidades chamada Tzolkin, é na verdade uma constante galáctica *interdimensional*. Ele combina um dia da Terra – *kin* – com uma constante interdimensional – *kin*. Quando estamos em sintonia conosco mesmos, igualamos nossas freqüências com a constante interdimensional. A escala dessa constante pode expandir-se ou contrair-se a fim de adequar-se a qualquer padrão de onda – desde uma onda cerebral até uma gravitacional. E padrões de onda incluem exatamente tudo, porque não existe nada que não vibre. E, se vibra, tem ondas. Lembre-se: até mesmo você é uma forma de onda. Como os Escoteiros Galácticos dizem, "se não ondular, não é real!"

O Tzolkin, esse calendário perpétuo sagrado de 260 dias usados por todos os antigos mexicanos, é apenas uma aplicação da constante interdimensional galáctica. Na verdade, esse calendário sincroniza um dia cíclico de 24 horas, ou kin, com toda a gama cíclica – 13 tons ligados numa ordem de possibilidades de 20 registros de freqüência. Isso permite que haja um total de 260 registros de freqüências tonais em todas as dimensões. Portanto, ao seguir a pista de um dia, você pode interpretar todos os dias e, por falar nisso, todo o tempo. Esse é o segredo dos Guardiães do Dia, os *Ah Kin*, aqueles que ainda guardam a lembrança e que sabem como puxar a corda sagrada que coloca todas as dimensões em fase umas com as outras.

Estive examinando o calendário e isso é verdade. Localizar um dia é conhecer toda a rede, a matriz, a constante de onda do raio interdimensional galáctico. É por isso que os Guardiães do Dia são videntes e adivinhos. Eles estão transistorizados. Por saber a posição do dia na constante e, por usar uma série de cristais, eles podem canalizar qualquer tom vibracional e transformar a carga elétrica numa imagem que lhes permita ler o tempo. E isso é muito mais divertido do que ler os jornais!

Por saberem como estender a escala para cima ou para baixo, eles também sabem que o ciclo de 260 dias descreve o ciclo de 260 katuns – equivalente a 5.125 anos no raio do Grande Ciclo (um katun é uma unidade de 20 anos). Pode-se dizer que cada 260 dias representa uma recapitulação do Grande Ciclo de 260 katuns – ou vice-versa. Os verdadeiros maias podem sentir que um dia pode abarcar 20 anos, ou que 20 anos da Terra são como um dia para eles! Se acrescentarmos alguns zeros, a constante de 260 unidades se torna 26.000, que é o número de anos num ciclo da precessão dos signos do Zodíaco. Se tirarmos o zero de 260 restam 26. Ahá! Então 26 é a constante interdimensional?

Mas o que é 26? É duas vezes treze. E o que é 260? 20 vezes 13. Embora os números 2 ou 20 sejam capazes de dobrar ou aumentar as coisas, 13 é o número significativo aqui. 13? Acaso é sinal de azar? Ou estaremos sendo supersticiosos?

No entanto, espere um minuto. O que há com esse 13? Ele é um mero número primo, que só pode ser dividido por si mesmo. Por que, então, o 13 veio a ser um número tão infeliz, tão supersticioso? Na maioria dos prédios de apartamento da cidade de Nova York, o elevador pára no décimo segundo andar e passa para o décimo quarto, mas não se detém no décimo terceiro. Quem está sendo supersticioso nesse caso – os nova-iorquinos modernos ou os "antigos" maias?

Pode ter acontecido de o 13 ter sido considerado o número de mais sorte, ou ao menos um número muito especial, até mesmo um número cósmico em determinada ocasião? Afinal, Cristo não foi a décima terceira pessoa no seu grupo de doze discípulos, e o rei Artur o décimo terceiro entre os doze cavaleiros da Távola Redonda? E há treze ciclos lunares num ano e 13 baktuns, ou ciclos menores do programa evolutivo no Grande Ciclo maia, cada um com aproximadamente 400 anos de duração. Algo está acontecendo com esse 13. O que será?

"É o meu nome do meio!" A voz do tio Joe assobiou através do meu canal central, interrompendo minha meditação maia sobre os números com um gostoso solavanco.

"O seu nome do meio, tio Joe?", retruquei. "Quer dizer que na sua certidão de nascimento consta 'Joe 13 Zuvuya?' "

"Certo, amigo. Não existe surfista maia que não tenha um desses números mágicos como parte do seu nome, seja homem ou mulher. Mas por ser um 13, sou um dos mais felizes! Hi, hi, hi!" A risada estranha do tio Joe, semelhante ao som de um *kazoo*, diluiu-se em outro som em meus ouvidos, deixando-me a sós com minha meditação.

Seja qual for o seu outro significado, 13 é o número primo galáctico dos maias. Representa a vazão cósmica, a chave interdimensional. Ponto final. Os maias deixaram este número primo galáctico aqui na Terra como uma chave para os seus ciclos, a razão galáctica interdimensional. E lembre-se: se conseguimos saber qual é essa vazão, temos então, um modo para colocar coisas de variadas proporções dentro de uma mesma escala.

O conceito puro e simples que está contido aqui é o de que o Tzolkin, a constante galáctica, nada mais é do que os números de 1 a 13 repetidos 20 vezes em seqüência. Isso dá o total de 260, é claro.

Transcrita num tabuleiro como uma matriz de 13 por 20, a repetição dos números de 1 a 13 cria um padrão semelhante ao de um tecido onde estão entrelaçados tempo, realidade e dimensões. E quando olhamos para essa matriz escrita no sistema numérico simples de traços e pontos dos maias, ela faz lembrar algum tipo de *chip* computadorizado. Eu a estou chamando de Módulo Harmônico. Olhando para ele, podemos captar uma ressonância. . . uma vibração. . . a pós-imagem transistorizada do raio galáctico.

Esse *chip* de computador, que tem treze colunas na horizontal e vinte na vertical, pode ser lido quer como uma descrição do raio galáctico quer como um calendário de 260 dias. Para lê-lo, comece exatamente no canto superior esquerdo e desça. Quando chegar ao final de uma coluna, suba ao começo da outra e assim por diante. Se a unidade do canto esquerdo superior é o dia 1 de um ciclo de 260 dias, o canto inferior direito é o 260º dia do ciclo. Então o ciclo recomeça no canto superior esquerdo e repete-se o processo.

Este *chip* de computador também pode ser lido como uma descrição do raio. A unidade do canto esquerdo superior começa em 3113 A.C. Descendo, cada unidade é um pouco menos que 20 anos, ou um katun. A unidade do 260º katun, no canto inferior direito, nos leva de 1992 até 2012 A.D. – uma grande decolagem galáctica!

Esse raio de 5.125 anos, naturalmente, é dividido em 13 subciclos chamados baktuns. Lembre-se de que cada baktun é semelhante a um programa de rádio em série, e é igual a uma das colunas verticais. Sua duração é de pouco mais de 394 anos. Atualmente, estamos no décimo terceiro ciclo, chamado Baktun 12. E estamos nos aproximando velozmente da reta de chegada, da conclusão de um Grande Ciclo de 5.125 anos. Como podemos imaginar, há grandes coisas por acontecer. Tio Joe diz, "chegou a hora de descascarmos a banana! A casca é como todo o material que inventamos até agora, mas de que não vamos precisar mais – todos juntos seremos uma única 'banana assada' "!

Mas, por enquanto, ponhamos a casca de volta na banana e voltemos um pouco para essa questão do tempo. Para os maias, há ciclos dentro de ciclos dentro de ciclos. Se aprendermos como sintonizar verticalmente as freqüências interdimensionais – as oitavas e todos os seus ciclos de sons harmônicos – entenderemos o significado de tudo isto.

Os antigos mexicanos, como os antigos astecas, chamaram as diferentes idades ou grandes ciclos de sóis. O atual ciclo de 5.125 anos, de 3113 A.C. até 2012 A.D., é, de fato, denominado de Quinto Sol. Isso significa que estes últimos 26.000 anos mais ou menos estão divididos em cinco sóis, ou cinco idades mundiais, cada uma com um pouco menos de 5.200 anos. Isso também significa que estamos terminando um ciclo de precessão zodiacal de 26.000 anos. E, como um ciclo precessional é igual a cinco sóis, esses cinco sóis têm um grande significado para a Terra.

Se isto é verdade, estamos próximos de um grande acontecimento por volta do ano 2012 – bananas assadas! Sincronização galáctica!

Por que os antigos mexicanos, que basearam suas idéias sobre o cosmos no calendário maia, chamaram estes diversos períodos de tempo de *sóis*?

Acaso será por que o sistema solar, o Sol e seus planetas, também têm seus dias e noites? O sistema solar girará ao redor de sua fonte? Terá o seu *kin*, o seu sol central? Será que tudo gira ao redor de alguma outra coisa? Será por isso que os maias são os mestres do tempo? Se o tempo é a medida dos ciclos, desde os microciclos até os macrociclos, surfar o Zuvuya como os maias equivalerá a subir numa prancha multidimensional de *surf*, ou seja, a constante galáctica?

Se essas diferentes idades ou sóis também representam diversas fases de um raio ou de uma série de raios, então talvez o Sol de fato mude a cada 5.125 anos, mais ou menos. Mas por que motivo? Acaso essas mudanças do Sol terão algo a ver com as modificações nos programas planetários? O Sol se expande na consciência tal como o centro galáctico evolui, e nós evoluímos na medida em que o Sol se modifica?

Lembre-se de que a finalidade do raio pelo qual estamos passando, da mesma forma que todos os raios galácticos, é a de interferir na sincronização das mutações. Em certo dia, há dinossauros. No dia seguinte, eles se foram. Num dia há mamutes lanudos e tigres dente-de-sabre; no dia seguinte, eles se foram. Para onde vão? Acaso morreram? Ou eles se transmutaram radicalmente – passando através de uma distorção do tempo que os colocou em cápsulas de memória na parte posterior de nossos cérebros? Isso acontecerá também conosco? Seja lá o que for, o que *acontecerá* conosco?

O que podemos perceber é que uma mudança na freqüência do raio corresponde a uma modificação na natureza das diferentes formas de vida. Tio Joe diz que de fato se trata da sobrevivência dos mais aptos. Porém, o mais apto é aquele que possui a habilidade de ser transistorizado – de estar sintonizado verticalmente com o raio galáctico! E ele diz: "E quando você se tornar tão apto, sentir-se-á tão feliz que desejará levar todos os outros consigo!"

Se Hunab Ku, o centro galáctico, é a fonte do raio de energia, e o Sol o seu filtro, então, quando a energia do raio modifica sua freqüência, o filtro também se modifica. É claro que podemos dizer que isso não pode ser comprovado, visto que não havia ninguém por perto em 3113 A.C. para observar e registrar o fato. Porém, acaso estaremos aqui em 2012 para ver o que acontece? Hum... Podemos *tentar* estar por aqui; seria interessante!

Se estamos passando por este raio, isso significa que a freqüência se modifica um pouco todos os dias? Poderá haver mesmo uma diferença de micromicroondas ocorrendo de dia para dia? Sabemos como nos sentimos diferentes a cada dia, não importam os motivos. Nem dois dias nos parecem ser a mesma coisa, não é verdade? Em determinado dia, nos consideramos uns 'chatos' desde que nos levantamos pela manhã. No dia seguinte, dizemos logo ao acordar: "Ei, eu sou o maior!" Por que acontece isso? No entanto, há certas coisas que ainda são previsíveis – ou mais ou menos previsíveis.

O estilo do dia-a-dia dos maias é um pouco mais sofisticado do que o horóscopo diário nos jornais. Se pudermos imaginar que estamos num daqueles quadrados no tabuleiro de 13 por 20 e viajarmos do canto superior esquerdo até o canto inferior direito, isso é o estilo maia. Se pudermos imaginar que cada um desses quadrados está na proporção de um dia para cada "katun", que tem aproximadamente 20 anos de duração, então estamos nos posicionando com relação ao raio. Estamos nos sintonizando verticalmente, e as freqüências interdimensionais estão sendo transmitidas. Por certo, cada dia tem sua própria qualidade, mas sintonizamos a nossa forma de onda com a do dia. Contemplamos o Sol e expressamos nossa gratidão, pois sabemos que somos um programa planetário, um holograma da Terra e um holograma do Sol.

E saiba que nós somos a realização cumulativa de uma onda que vem sendo construída há mais de 5.100 anos. Cada um de nós é uma cápsula do tempo. Mesmo que isso não seja óbvio ou visível para nós, tudo o que estamos fazendo é uma efetivação parcial para que o planeta receba um grau de doutorado evolutivo em 2012. "Ph.D. em *surf* planetário", é como tio Joe o denomina, "conferido pela brilhante equipe de surfistas da constante galáctica – todos eles exibindo seu bronzeado de Hunab Ku! Hi, hi, hi!"

Saber que é para isso que nos encaminhamos é o que tio Joe chama de "recolocar os pontos no caderno de anotações". Ele diz: "Pergunte-se: – por que estou fazendo o que estou fazendo hoje? Seja honesto. Está trabalhando e se encontrando com os outros para benefício dos demais e da Terra? Ou será apenas para tirar proveito próprio, obter lucro e, então, ir embora do escritório, tão logo possa?"

Isso pode dar a impressão de que ele está nos pedindo para ter uma mente elevada. E está. Isto porque, do ponto de vista da passagem da Terra através do raio galáctico, chegou o momento crítico. De fato, a Convergência Harmônica, em agosto de 1987, aconteceu e passou. Sabemos o que está acontecendo no planeta ou o que está ocorrendo com o planeta? Alguma coisa terá mudado?

Vamos chamar o tio Joe para que ele nos dê sua perspectiva a partir da AA Midway Station. Essa é a nossa chance de nos observarmos lá de fora, da galáxia.

"Ei, tio Joe, você está aí?"

"É claro que estou. O que precisa saber?"

"Você pode dizer para a gente o que está acontecendo ao planeta desde a Convergência Harmônica?"

Houve uma pausa. E então, numa explosão fantasmagórica através de uma câmara de eco galáctico, tio Joe apareceu rindo e cantando uma canção típica da década de 60: "*Wipe out*".

"O quadro é tão desastroso assim, tio Joe?", perguntei-lhe. Com os olhos da mente pude ver toda a civilização moderna, seus foguetes e suas auto-estradas dando de quilha numa praia fantástica que estava cintilando com padrões estelares e formas de onda espectrais.

"É, meu caro, de onde a vemos, 'aniquilado' é a palavra certa, ao menos para a sua civilização." Tio Joe foi parando de cantar o seu *rock-n-roll* celestial e assumindo um tom de voz mais normal.

"Para lhe dizer a verdade, meu caro, a situação não é boa. O planeta está doente. Oh! Eu sei que há alguns movimentos com a intenção de parar algumas coisas tais como acabar com os carbonos de flúor para que a brecha na camada de ozônio não cresça tão depressa, e para reduzir os mísseis nucleares, mas ainda há cobiça demais. Não sei se vocês vão conseguir ou não. O que vocês aí embaixo não entendem é que muitos danos já foram provocados; portanto, algumas coisas vão começar a acontecer. Ainda restam uns pares de anos antes de vocês começarem a ver as tortas de lama atingir o ventilador, mas quando atingirem, atingirão com força. Os dias da sua civilização industrial estão contados."

"Ora, venha cá, tio Joe! Isso é tudo o que tem a dizer? Isso é tão ruim quanto o noticiário da televisão. E o que me diz sobre todas aquelas pessoas que apoiaram a Convergência Harmônica? Isso não representa nada?"

"Bem, é difícil dizer. Mas saiba que aqui em cima temos um ditado: *quando a luz bate, a escuridão se torna valente*. A Convergência Harmônica foi como uma luz que se acendeu. A ignorância não suporta que um facho de luz atinja seus olhos. Portanto, parece que a loucura irá ficar um pouco pior. As pessoas que captaram um pouco da luz, também estão ficando com uma espécie de loucura. Mas elas têm de se familiarizar com ela. Aposto que uma porção delas até mesmo questiona se deveria ter tentado: pode ser que alguns achem que se sentiam melhor da velha maneira. Mas a velha maneira desapareceu, regida por inconsistências morais que nem mesmo existem aqui! A bolsa de valores já sucumbiu uma vez. A economia está se debatendo como um peixe fora d'água. A Terra está cambaleante e instável. Há o efeito estufa, terremotos e tudo o mais. . ."

"O que podemos fazer, tio Joe?"

"Construir barcos salva-vidas, e rápido", ele riu. "A civilização de vocês é um barco que está afundando. As pessoas devem unir-se e permitir que saibam quem são e onde estão. Devem ver o tipo de recursos que podem obter todas juntas. Olha, estamos num tempo de limpeza. A Terra está se aprontando para ficar limpa. As pessoas devem limpar-se também. Devem tornar-se honestas. Confiáveis. Livrar-se daquilo de que não necessitam, interna e externamente. Concretizar suas intenções mais elevadas e agir de forma íntegra."

"Mas tio Joe, ninguém aí em cima se preocupa?"

"Claro que sim. Eles se preocupam bastante. Você sabe, este é um projeto de grande nível. Tem ramificações que vão longe. Ninguém quer ver este projeto explodir. Na verdade, há uma porção deles por aqui prontos para ajudar. Como você sabe, tudo vai acontecendo no tempo certo. Vocês ainda terão cinco anos de mau tempo à frente, pelo menos até 1992. Mas já podem começar a preparar-se desde já. A ajuda poderá estar disponível daqui a cinco anos, *se* vocês a quiserem. Contudo, deverão estar com tudo preparado."

"Isso me parece bastante sinistro, tio Joe. Pensei que lidar com esse material interdimensional deveria ser divertido" – respondi, cada vez mais desanimado.

"Mas é claro que é divertido. Você é que ainda está tridimensional demais, e vai vivendo as conseqüências de construir algo grandioso a partir de uma perspectiva estreita. Se é que entende o que quero dizer. Veja, nada é como você pensa que é."

"O que quer dizer esse 'nada é como você pensa que é'?"

"Bem, em primeiro lugar, consideremos essa Terra de vocês. Vocês não são os seus donos. Se há algum dono, a Terra é que é dona de vocês. Ela está viva. Trata-se de um ser vivo inteligente, e você faz parte dele, com certeza. Você é como uma de suas peles; na verdade, você é como a sua pele receptora, o seu sistema atmosférico de radar. Todos vocês, seres humanos, são como uma gigantesca teia nervosa de radar que processa a informação num nível bastante elevado. E poderia ser muito maior se vocês acordassem para a realidade dos fatos.

"Exatamente agora, vocês só processam as coisas que acreditam irão reforçar suas pequenas ambições, e bombardeiam-se mutuamente através do seu sistema nervoso eletrônico. É isso o que fazem suas redes de rádio e televisão. Ninguém se entende! Tsk! Tsk!"

"Tio Joe! Você não está sendo um pouco pretensioso?", perguntei. "O que quero dizer é que você parece um *yuppie* falando."

"Se sou pretensioso ou um *yuppie*", ele respondeu ligeiramente indignado, "isso se deve unicamente a você. Desde que começou a prestar atenção em mim, recebi o crédito de ser capaz de chegar à AA Midway Station com um pouco mais de freqüência do que costumava. E gosto de lá. É bastante menos confuso. O ar é rarefeito, os seres da quarta dimensão são um pouco mais evoluídos. E lá em cima sou capaz de alcançar dimensões além da quarta. De lá posso ver melhor."

"Está bem. Você pode me devolver essa, tio Joe. Imagino que este seja o preço pela minha própria educação. Apenas não seja arrogante comigo no nível pessoal."

"Isso depende. Apenas não fique com medo de lidar com a sua integridade e mantenha limpa a sua forma de onda. Isso não é pedir demais. Há mais alguma coisa que deseje saber? Aqui a turma está jogando xadrez arcturiano e estamos usando hologramas humanos. Eu gostaria de voltar ao jogo."

"Vocês estão fazendo *esse* tipo de coisa enquanto nós aqui embaixo estamos no olho da tempestade? Ora, qual é a sua, tio Joe. Me dê um tempo, tá?"

"Eu adoraria fazer isso para você. Mas não julgue o que estou fazendo pelos seus padrões. Você sabe para o que serve o xadrez arcturiano?"

"Você está certo, eu não sei. Para que serve?"

"O xadrez arcturiano só é jogado quando temos uma situação planetária igual à de vocês aí embaixo agora. Os hologramas vivos com os quais estamos jogando são aqueles que observamos: os das pessoas que participaram da Convergência Harmônica. Você sabe, as famosas 144.000. O time das Plêiades juntou-se a nós, portanto, estamos indo. O objetivo do jogo é colocar esses hologramas no centro da Terra antes de 1993, segundo o seu tempo. Se conseguirmos levá-los até o centro da Terra, aí então esta passa a ter um painel de luz humana inteligente operando junto com o painel de inteligência da Terra, lá embaixo, no âmago de cristal."

"Espere um minuto, tio Joe." Algo dentro de mim resistia a essas palavras. "Vocês estão manipulando nossos hologramas, movendo-nos contra a nossa vontade?"

"Vamos, meu querido, como eu disse, nem tudo é como você imagina. A cada momento do dia você vai de encontro a um número infinito de possibilidades. Na verdade, cada uma delas vive em seu próprio universo paralelo. Você faz alguma idéia de quantos universos paralelos existem? Portanto, relaxe. De onde estamos, em AA Midway Station, temos a melhor das visões; portanto, estamos apenas dando um empurrão para que cheguem ao melhor universo paralelo possível. Contudo, a escolha depende de vocês!"

"Acho que entendi, tio Joe. Mas que legal! Acho que você já pode ir, tio Joe. Obrigado."

"Mais uma coisa: esse negócio de dar atenção ao dia-a-dia, do qual você esteve falando, não é nada mau. Na verdade, é algo muito importante para este momento agora. Diga aos seus amigos que reservem um minuto todos os dias a fim de se sintonizarem com a Terra. Na verdade, eles podem até mesmo afinar-se com o seu centro.

"O que devem fazer é enviar um raio imaginário lá para onde esses hologramas estão tomando forma, e permitir que a Terra saiba que se importam com ela. Em seguida, podem trazer um dos raios energéticos da Terra, do seu centro para a superfície, onde quer que estejam. Quando obtiverem experiência nisso e forem capazes de enviar seus duplos dimensionais lá para baixo, chamaremos a isso de *Imersão na Terra*. Isso pode parecer banal. Mas é como eu disse: o modo como vocês fizeram as coisas aí embaixo: não conhecem nem a metade dos fatos. E até que todos vocês obtenham o tempo vertical juntos, e façam a pescaria interdimensional, não conhecerão o todo – disso eu tenho certeza."

Tio Joe afastou-se rindo. Então desapareceu novamente.

Tio Joe estava realmente se saindo bem naquelas esferas. Notei que ele estava ficando cada vez mais indignado – e insinuante. Mas que incrível! Ele está certo. Quanto mais presto atenção nele, e o ocupo, tanto mais poderoso ele se torna e tanto mais eu sinto e sei. Esse não é um mau negócio, é?

••••

4

A VERDADEIRA HISTÓRIA DA ATLÂNTIDA

"Ei, José! Ei, você aí! Quer prestar atenção em mim?", tio Joe interrompeu-se. "Por falar nisso, você não se importa se o chamo de José de vez em quando, certo, meu caro?"

"Ó, tio Joe, é você outra vez!", respondi. "É claro que não me importo se me chamar de José. Mas eu pretendia mesmo lhe perguntar por que me chama de 'meu caro'?"

"Claro que há uma razão para isso", tio Joe deu uma risadinha disfarçada. "Você é um brotinho terrestre, uma coisa que sai da Terra, um cara legal. Siga o programa. Harmonize o seu holograma." Tio Joe teve outro acesso de riso.

Não havia dúvida sobre o fato. Tio Joe estava se tornando cada vez mais íntimo de mim e era muito persistente, aparecendo com freqüência em momentos inesperados. Ele cortou com o hábito de só vir me visitar durante minhas sestas. Agora, eu nunca sabia quando ele iria aparecer. Mas podia ver que as coisas estavam se tornando sérias.

"Então ouça, José. Tenho uma confissão a fazer."

"De que se trata?", perguntei, de certa forma desconfiado de alguma coisa. Bem. . . mas quem sabe ele estava sendo sincero dessa vez.

"Eu não fui legal com você, garoto. Fiquei empolgado por me permitirem jogar xadrez arcturiano. Isso me virou a cabeça. Devo-lhe um pedido de desculpas. . . e uma boa dose de explicações."

"É mesmo?" Essa era uma nova jogada sua. Afinal, talvez o tempo que estava passando na AA Midway Station o estivesse tornando humilde. "Que tipo de explicações?", perguntei, intrigado de verdade.

"Sobre o que está acontecendo. Como sabe, você me interrogou sobre o que estava acontecendo com o planeta e eu lhe dei uma torrente de informações. Isso não foi justo. Foi informação demais. Desta vez, quero ir mais devagar. Porém tenho de contar-lhe uma história."

"Uma história? Que tipo de história?"

"Bem, trata-se de uma história sobre a Atlântida."

"A Atlântida?", perguntei. "O que a Atlântida tem que ver com os maias?" Agora eu estava me sentindo inseguro. Iria tio Joe atingir-me de raspão com alguns contos estranhos, ocultos e chocantes?

"Não se preocupe, José. Este não é mais um modismo do tipo *New Age*. E os maias têm bastante a ver com isso. É o seguinte: você descobrirá que eles não eram apenas um povo antigo. É claro que há uma profusão de maias no Yucatán vivendo exatamente da mesma maneira que viviam há dois mil anos atrás, apenas cumprindo o seu tempo, plantando milho, esperando o ciclo passar, esperando que nos sintonizemos com eles. Correto?

"No entanto, você também sabe que os maias tinham algo a ver com a Convergência Harmônica, exatamente porque o calendário deles está sintonizado interdimensionalmente com a Grande Central – Hunab Ku – de um modo diferente de qualquer outro calendário humano. Você mesmo chama essa conexão de Fator Maia porque está totalmente em sintonia com a questão do tempo, e os maias, bem, eles inventaram o tempo, certo?"

"Como posso argumentar contra mim mesmo, tio Joe? Continue", respondi, bebendo as palavras de sua astuciosa narrativa.

"E você também sabe que os maias vieram inicialmente para cá com algum tipo de propósito e com uma missão, porque as coisas não estavam se ajustando com o DNA humano. Eles vieram para mostrar que é possível viver harmoniosamente com a natureza, e vieram para deixar seu cartão de visitas – o que você chama de constante galáctica – o módulo harmônico de 260 unidades.

"Algo neste planeta não lhe dá uma sensação sobrenatural? Algo como o 'Paraíso Perdido' embora ainda não o 'Paraíso Reconquistado'? Bem, quando os maias vieram para cá, aqueles sobre os quais você escreveu em seu livro, de certa forma, isso aqui já era o 'Paraíso Perdido', não era? Portanto, o papel dos maias neste pequeno drama cósmico é: O ET que veio e o ET que se foi. O que acha dessa história, 'O Paraíso Perdido'?"

Tio Joe estava com a razão. Tive um estranho pressentimento. Comecei a captar a *grandeza* do drama galáctico. Um desfile de lembranças introduziu-se na minha cabeça como se algo tivesse sido detonado em mim através de um incrível circuito do Zuvuya. Pude ver Cristo no Getsêmani, Lúcifer com sua horda de anjos rebeldes, mundos e sistemas estelares movendo-se ruidosamente através do espaço, padrões geométricos e estruturas celulares coordenadas, lampejos de cidades de cristal piramidais estranhas e exóticas emergindo em desertos e saindo do fundo de oceanos, explodindo em nuvens encapeladas cor de laranja e violeta em incontáveis planetas por todo o universo. Bam! Blam! O que estava acontecendo?

"Hi, hi, hi!", tio Joe estava rindo, embora o som de seu riso desse muito mais a impressão de que ele estava soprando através do seu *kazoo*, procurando por pastilhas para a tosse da "Zona Crepuscular".

O.k. Você captou a imagem", ele continuou. "Há *algo* a dizer sobre essa história de Lúcifer, um cara da organização cósmica da quinta dimensão empolgado com o seu livre-arbítrio, que impôs sua vontade dimensional mais elevada prematuramente sobre os "bonequinhos de barro" de alguns planetas. Ele conseguiu que alguns outros caras das vizinhanças o acompanhassem. Eles se envolveram numa operação galáctica perigosa. E agora, o que fazer? O pessoal da alta-roda da chefia dimensional o colocou de quarentena – e aos 37 planetas envolvidos – e anunciou: 'Nenhuma interferência nesses planetas, até que o material genético amadureça a ponto de entendermos o real significado da responsabilidade e do livre-arbítrio'.

"Enquanto isso, pelo fato de esses bonecos de barro genéticos terem sido manipulados por Lúcifer – esses seres, vamos chamá-los de humanóides, desenvolveram-se com circuitos ligeiramente desajustados. É a isso que chamamos de livre-arbítrio prematuro, o que faz com que haja ilusões sobre a realidade e cria os poderosos que manipulam os outros. Portanto, visto que houve interferência no ajuste de tempo, nada pôde ser feito até que esses seres atingissem o ponto de ver o erro que cometeram. Isso lhe parece familiar?"

As peças do quebra-cabeça começaram a se encaixar. "Então, é sobre esse tipo de assunto que se fala lá na AA Midway Station, tio Joe?"

"É, meu caro. Como se fosse um encontro do pessoal da AA, só que numa dimensão galáctica. As pessoas – imagino que se possa chamá-las assim – se juntam e contam suas histórias de quando e de onde foram tentadas pelo livre-arbítrio, de como abusaram dele, o que aprenderam e o que estão fazendo para introduzir correções."

"Isso fica claro, tio Joe, mas voltemos à Atlântida. Você começou dizendo que ia me contar uma história sobre ela e eis que estamos proseando sobre Lúcifer."

"Ora, eu tinha de lhe contar essa parte primeiro, porque ela é como um segundo plano, o cenário para a história da Atlântida. Mas agora vou contar a 'verdadeira história da Atlântida'. Na verdade, existem muitas Atlântidas – e muitas Lemúrias também. Os projetos se iniciaram na zona do livre-arbítrio de Lúcifer. Olhe para o mapa de Marte e verá que há uma Atlântida e uma Lemúria por lá também. Um bocado estranho, hem? Há o rosto de um antigo humanóide em Marte, perto de algumas pirâmides. Há até mesmo algo que parece ser um círculo de pedras megalítico. E então, além de Marte, há um cinturão de asteróides que antes foi um planeta: Maldek, é assim que alguns o denominaram. O que acha que aconteceu com ele?"

As palavras de tio Joe foram interrompidas por um momento. A sensação sobrenatural se intensificou. Será que tudo o que está acontecendo agora em nosso planeta é *uma repetição*, talvez uma outra tomada de gravação num estúdio galáctico, onde um grupo que gravava não tinha conseguido tocar junto em harmonia? Percebendo minha tristeza, tio Joe retomou a narrativa.

"Porém, voltemos à *nossa* Atlântida. Antes de tudo, o *tempo*. Com o seu coeficiente maia, a constante galáctica, você sabe como obtivemos esses ciclos que têm aproximadamente 26.000 anos de duração e você também sabe como tudo se ajustou direitinho. Trata-se do módulo harmônico. Os ciclos giram uns dentro dos outros. Os maiores giram dentro de outro ainda maior e estes, por sua vez, giram dentro de outros maiores ainda e assim por diante. Na verdade, você nunca chega de fato ao fim: é o holograma cósmico!

"De qualquer modo, o ciclo maior, que abarca o de 26.000 anos, é o de 104.000 anos, que contém quatro ciclos de 26.000 anos. Isto foi há muito tempo atrás, ou, como dizem lá em cima na AA Midway Station, há muito mais giros para esse aqui! Bem, uma vez exatamente antes desse ciclo de 104.000 anos, em outra parte da galáxia, houve um planeta e esse planeta era chamado. . . Atlântida."

Algo no modo como tio Joe pronunciou a palavra "Atlântida" fê-la parecer poética, macia, estranha. Senti que mais lembranças eram detonadas – desalojadas de alguma prateleira subterrânea na parte posterior do meu cérebro.

"É, Atlântida", continuou tio Joe. "Este planeta era muito evoluído. As coisas estavam caminhando na direção certa, e eles estavam captando uma imagem muito clara. Mas certo dia, tornou-se evidente que uma catástrofe cósmica estava se aproximando deles. Esse é o tipo de coisa que acontece para nos testar, para nos apresentar um outro desafio. Isso sempre acontece quando as coisas estão superboas. De repente – bang! – você é atingido na cabeça e alguém diz: 'Ei, seu palerma, pensou que já tinha alcançado o topo, hem?' Bem, foi exatamente isto o que aconteceu com a Atlântida. Não foi um erro dela, de fato. Apenas um teste.

"Ora, antes de eles darem um basta para esse planeta condenado, foi convocado um conselho lá em cima, e desse conselho 12 membros foram enviados para a Atlântida. O que fazer? O que fazer? Os anciãos da Atlântida se encontraram com os 12 membros mais velhos do conselho lá do alto. A preocupação era a de salvar as conquistas já conseguidas pela Atlântida em termos de evolução."

"O que você entende por essas 'conquistas em termos de evolução', tio Joe?", interrompi.

"É o seguinte: aqueles atlantes de fato trabalharam com afinco, e, coletivamente, estavam se aproximando da graduação principal. Você vai entender já, já. Apenas ouça.

"Portanto, eles tinham vindo com um plano. Não era fácil. Havia um núcleo com 144.000 atlantes. Eles dividiram esse núcleo em 12 grupos. Cada um desses grupos subdividiu-se em outros 12 grupos, continuando até se ter 12.000 subgrupos. Seu número maia, 13, está incluído porque no centro de cada grupo de 12 havia um décimo terceiro invisível: o elo vertical interdimensional de tempo. Você pode dizer que o 13 representa a soma espiritual de quando se tem 12 juntos. Portanto, de qualquer modo, todos esses grupos estavam interligados.

"O próximo passo era descobrir para onde ir e o que fazer. Decidiu-se emigrar para outro planeta. Visto que se tratava de um tipo de experiência, eles tinham de descobrir um planeta na zona experimental da galáxia."

"A zona experimental? Ué, tio Joe, que tipo de universo é esse?"

"É isso mesmo, José: a zona experimental. Trata-se da gleba de Lúcifer. Seja como for, o planeta para o qual eles pretendiam ir estava localizado num sistema estelar que atualmente faz parte do sistema das Plêiades. Acaso você sabia disso? Sabia que os ciclos de 26.000 anos têm relação com o fato de o nosso Sol rodar ao redor das Plêiades a cada 26.000 anos? E a cada 104.000 anos, ele gira quatro vezes ao redor delas. Esse é um ano supersolar."

"Como?" Mais lembranças estavam dançando na parte posterior da minha cabeça. Por que isso tudo começava a me parecer estranhamente familiar?

"É verdade, meu caro. Trata-se de uma peça importante. Veja, o Sol Central para *esta* parte da galáxia está localizado no que vocês chamam de Plêiades. O nome desse Sol é Alcíone. A estrela seguinte depois de Alcíone é maia. Está juntando os pontos?"

Eu estava. Não havia dúvida sobre isso. Luzes acendiam-se por toda a minha cabeça.

"Naturalmente, para que os atlantes chegassem ao que hoje é a sétima estrela do sistema centrado ao redor de Alcíone, todo o plano tinha de ser examinado com o guardião da estrela central, o grande mago das Plêiades, o 'ancião dos dias', Layf-Tet-Tzun. Ele é o seu tio-avô, como sabe."

"Meu tio-avô? Não acredito!"

"Ora, você sabe que sou o seu duplo na quarta dimensão e que somos parte deste sistema chamado Terra que gira ao redor do Sol, que os maias chamam de Ahau Kin. E, lembre-se de que somos todos parentes próximos. Os Guardiães do Dia são os Ah Kin e nossa estrela, Ahau Kin, obviamente se relaciona com o Sol Central, Alcíone. Ahau Kin, o nosso Sol, é a sétima estrela a girar ao redor de Alcíone. O guardião da nossa estrela é Ahau Kinich. Naturalmente, Ahau Kinich é parente próximo de Layf-Tet-Tzun."

"Mas quem são essas pessoas – Ahau Kinich, Layf-Tet-Tzun?"

"São entidades luminosas da quinta dimensão, meu amigo. Assim como eu sou seu tio, eles são seus tios-avôs. Mas o verdadeiro grande tio-avô é Layf-Tet-Tzun."

"Eles são homens?"

"Só porque você é um homem. Se você fosse uma mulher, eles teriam de ser mulheres também. Na verdade, eles têm os dois sexos. Mas não nos afastemos da história. Assim que Layf-Tet-Tzun foi informado do objetivo da Atlântida, e pensou sobre o caso, ele deu sua resposta:

" 'Com esse grupo evoluído de atlantes, posso acelerar minha própria graduação. Eu poderia estar pronto a me graduar em 104.000 anos pelo padrão terreno. Os 144.000 que estão se preparando para graduar-se podem completar esse tempo no planeta Terra, mas terão de esperar quatro ciclos; e quando chegar a hora, em 104.000 anos de viagem pelas estrelas, eles poderão me substituir. Os atlantes podem ajudar esse planeta ocasionalmente, mas não agora. Terão de esperar 78.000 anos antes de poderem pensar em se misturarem. Mesmo assim, terão de ser cuidadosos. Este planeta está numa zona perigosa. Os atlantes correm o risco de se afogar.' "

À medida que tio Joe relatava as palavras de Layf-Tet-Tzun, quase pude ver esse guardião do Sol Central, um mago andrógino, solitariamente atravessando um período que deve ter parecido uma eternidade dentro das ardentes câmaras dimensionais daquela estrela distante, Alcíone.

"Assim que souberam para onde ir", continuou tio Joe, "os 144.000 atlantes formaram suas redes transmissoras de luz. Exatamente um pouco antes de acontecer a catástrofe no seu planeta Atlântida, que queimou até não haver nem mesmo cinza vulcânica no espaço, começou a migração interdimensional.

"Ora, aqui embaixo não houve somente uma Atlântida. Foram três fases. Cada uma delas percorreu um ciclo de 26.000 anos. A primeira durou de 104.000 até 78.000 anos atrás. A segunda de 78.000 até 52.000 anos atrás, e a terceira de 52.000 até 26.000 anos. Naturalmente, os atlantes estavam sob ordens estritas de não se misturar ou de procriar com outros povos. E não desobedeceram a essas ordens. Seja como for, também não queriam. Você sabe como eram as coisas há 104.000 anos atrás, não sabe? Na ocasião, só havia tipos humanóides. A busca pelo fogo era o mais longe a que haviam chegado.

"De qualquer modo, as duas primeiras Atlântidas foram destruídas por eventos naturais cíclicos. Como sabe, quando um desses ciclos anuais de 26.000 anos se encerra, acontece sempre algo da maior importância. Algum tipo de convulsão elemental. Pode tratar-se de um dilúvio ou, se a Terra for camarada, apenas de uma era glacial. Você ainda é jovem, meu caro, portanto assistirá aos acontecimentos do ano 2012. É, por certo que sim."

"Está sugerindo que a Terra pode desviar-se do seu eixo, pode haver uma mudança de pólo?"

"Pode acontecer. Ou talvez uma nova idade glacial. Na verdade, é essa a impressão que se tem agora. Ou talvez haja uma combinação de eventos. Quem sabe?

"De qualquer forma, essas coisas não preocupavam muito os atlantes. Afinal, eles já tinham vindo de outro planeta. Mas então, quando chegamos à terceira Atlântida, a última antes desta. . ."

"Tio Joe, acaso está tentando dizer que somos uma terceira Atlântida?"

"Não, Atlântida *quatro*" – tio Joe riu disfarçadamente. "Mas você tem razão. Essa coisa que vocês estão vivendo agora é a última Atlântida, a quarta. Há uma amnésia global no que se refere ao assunto. Portanto, continuamos a criá-la, embora inconscientemente. E esse é o problema: inconscientes, sem nenhuma lembrança. É por isso que agora temos esse Grupo – AA, Amnésicos da Atlântida. Entendeu, meu caro? É verdade. É isso que está por trás de fato dos AA: Amnésicos da Atlântida! Pessoas que se escondem, embriagando-se, drogando-se, negando suas recordações, porque não há um lugar seguro para lembrar-se. Mas, depois desta quarta Atlântida, não pode haver mais nenhuma, ao menos neste planeta. As opções já foram usadas. Este é um ponto importante de que se deve lembrar, amigão.

"Mas, voltemos à nossa história. A terceira Atlântida ficava embaixo da água. Grandes domos de cristal sob o que vocês denominam de Oceano Atlântico. É o mistério do Triângulo das Bermudas. Lá estão os remanescentes da zona da terceira Atlântida interdimensional. Sob a água, eles tinham boas comunicações com os golfinhos. Esses, como você sabe, vieram originalmente do sistema estelar Sírio. Não é incrível?"

"É incrível, sim, tio Joe", respondi. Imagens de golfinhos vibratórios viajando através do espaço interestelar, surfando num raio maia interdimensional, passaram-me rapidamente pela mente. "Você está de fato ampliando os meus horizontes."

"É uma questão de estar no território, meu caro. Você estava querendo jogar interdimensionalmente; então, estou lhe dando essa oportunidade.

"Agora, em relação aos atlantes, com o passar do tempo eles se meteram em grandes encrencas. Começaram a viver desrespeitando a lei cósmica. Bobearam com as leis da natureza. Isso se chama desconectar-se da sabedoria e do conhecimento. E, pior ainda, eles começaram a dedicar-se a jogos de poder. Algumas pessoas se deixaram enganar, entregando seu poder a outros e, naturalmente, eles estavam ali, dispostos a assumi-lo. Quando isso começa a acontecer, sempre ocorre o pior: pessoas impondo seu poder sobre outras. Esse é o momento em que o Cosmos diz: Não, não! – para o jogo do controle. Bem, isso foi o fim, o que provocou a destruição. Poder sobre a natureza e poder sobre os outros; sempre que isso acontece, não dá outra. Isso lhe parece familiar?"

"Claro que sim, tio Joe", tive de concordar. "É o que estamos fazendo aqui na Terra, entra dia, sai dia, e de todos os modos possíveis, do berço à sepultura."

"Pois é realmente familiar. Portanto, nessa ocasião, os 144.000 já haviam esquecido sua missão. As coisas andavam mal. O último rei da Atlântida era um homem chamado Markus Morpheus e, durante o seu reinado, eles usaram drogas para deixar as pessoas inertes e privadas de seu poder. E eles tinham instrumentos de cristal semelhantes a fones de ouvido que usavam para controlar as pessoas. *Controle*! Essa é a maior. Controle! Você alguma vez notou que esse botão, o botão de controle, é que mantém as coisas fervilhando? Ninguém quer abrir mão do poder."

Enquanto eu pensava na pergunta de tio Joe, um mal-estar tomou conta de mim. Meu plexo solar captou essa sensação de aperto. Haviam apertado o meu botão. Senti-o – a luta para manter o controle. . . controle de quê? E por que razão? Proteção, controle, resistência, castigo: todas essas coisas se incorporam na escura teia de confusão compulsiva chamada vida moderna.

"Portanto, a terceira Atlântida explodiu", tio Joe retomou o fio da narrativa. "E explodiu bonito. Um cataclismo. Uma cena horrível. Todas as cúpulas de cristal se despedaçaram. Os oceanos se elevaram. A terra tremeu. A Atlântida foi para o fundo do mar. Essa foi a Atlântida de Platão – sumiu!"

"Que história! Ela me deu calafrios."

"Está afundando, hem, meu caro?", tio Joe riu disfarçadamente, apreciando a própria pilhéria. "Bem, no tempo em que isso aconteceu, a Terra naturalmente estava mudando para sua próxima fase evolutiva com uma idade glacial em perspectiva, até que, finalmente, os humanóides foram preparados para a sua grande hora de evolução. Foram chamados de *homo sapiens*. Eles surgiram exatamente nessa ocasião. Estavam muito próximos dos atlantes no que se refere ao potencial e, visto que estes haviam criado a devastação em nosso planeta, como recompensa cármica, a Terra agora recebia sua encarnação: eles nasceram entre os *homo sapiens*. Esse foi o carma deles. Eles não poderiam ser puros atlantes nunca mais.

"Mas esses *homo sapiens* já estavam se desenvolvendo em situação desvantajosa. Lembra-se de Lúcifer? Os humanos já tinham seus fios genéticos um tanto confusos, sofriam das tendências de usar prematuramente o livre-arbítrio.

"Portanto, aqui chegamos a um Paraíso Perdido. E nessa época os atlantes já estavam mais misturados entre nós. E tratava-se da última era glacial. Que espetáculo! Mas não foi tão ruim assim. Os líderes descobriram uma coisa realmente inteligente para fazer. Veja você, as pessoas daquela época tinham pouca tecnologia material. E com a idade glacial, houve pouca chance para desenvolvê-la. Mas elas ainda estavam bastante sintonizadas com seus corpos de sonho, com seus duplos da quarta dimensão. Portanto, o que decidiram fazer foi sonhar o sonho coletivo. Sabiam que a idade glacial não ia durar para sempre, e ao sonhar seu sonho coletivo, o faziam criando as coisas que teriam de fazer depois que a idade glacial terminasse. Eles podiam sonhar com suas ferramentas e com suas tarefas. Podiam sonhar com qualquer coisa. Espertos, não? Esse é o que vocês chamam de *homo sapiens*.

"E assim o fizeram. Entraram no tempo do sonho juntos, coletivamente. Usaram sua Percepção Extra-Sensorial para bons fins. Todos à volta do planeta, pequenas tribos, pequenos clãs do gelo, dormindo juntos, com as cabeças junto do fogo, sonhando o mesmo sonho. Uma rede de sonhadores. E pelo fato de haver atlantes entre eles, com o passar dos anos, de séculos e de milênios, eles lentamente criaram uma Atlântida coletiva *sonhada* que tinha a ver com a Atlântida de antes e também com a Atlântida que ainda está por vir. E a terceira Atlântida imaginária, como a que a antecedeu, também explodiu.

"Foi um verdadeiro trauma. Todos tiveram o mesmo pesadelo coletivo. Acordaram assustados e confusos. Ninguém era capaz de lembrar muito bem do que havia acontecido. Isso se passou há 12, 13.000 anos. Os mamutes haviam desaparecido, a Terra estava quente e as pessoas tiveram de juntar os pedaços, os fragmentos do sonho, e tentar fazer o que haviam sonhado que fariam."

Tio Joe fez uma pausa. Ouvi um zumbido em meus ouvidos, e podia sentir a tristeza daquele tempo. Havia sido horrível.

"Lentamente", tio Joe continuou sua narrativa, "as pessoas juntaram as peças o melhor que puderam. Alguma coisa no sonho que recordaram lhes disse algo sobre sementes e plantações. Portanto, começaram a encontrar sementes e a plantá-las. Alguma coisa mais lembrou-os sobre cestas, e sobre tecer e moldar em barro. Portanto, começaram a fazer isso também. Não foi tão ruim assim. E, de vez em quando, alguns símbolos eram lembrados por muitos deles. Os símbolos – esses se assemelhavam a uma linguagem cósmica, a linguagem das leis cósmicas e, dessa forma, alguns deles também voltaram. E tentaram viver o melhor que podiam.

"Agora é a parte em que os maias reaparecem. Você pode entender como os maias podem ser a equipe de escoteiros enviados por Layf-Tet-Tzun. Naturalmente, Layf-Tet-Tzun estava bastante ansioso com tudo isso. Ele estava à espera da graduação em 26.000 anos e agora isso o atingia como um retrocesso. Os 144.000 tinham se colocado num maldito de um lugar, misturados com um grupo que mal havia começado a sonhar com a civilização – e eles já haviam passado por isso um bom número de vezes. Na verdade, os atlantes estavam dispostos a fazer tudo de novo antes de obterem sua graduação.

"Por volta do final da terceira Atlântida, os maias foram enviados para fazer uma avaliação. Será que o projeto poderia ser salvo? E eis o que Layf-Tet-Tzun pediu aos maias: descobrir se o Projeto Terra era um projeto evolutivo concebível ou não. Layf-Tet-Tzun não precisava de uma redução do seu imposto. Ele precisava da graduação.

"Portanto, os maias vieram e examinaram o cenário. Algumas equipes ficaram aqui fiscalizando durante uns poucos milhares de anos, para fazer um relatório a Layf-Tet-Tzun. Ouça com atenção, José. Obtive isso diretamente de um habitante de Antares numa barganha holográfica:

O RELATÓRIO MAIA

'Chances de salvamento: tudo bem. Condições boas. Nos últimos 80 anos do atual ciclo de 26.000 anos haverá um aumento de freqüência. Isso tudo corresponde à iniciação de uma civilização de forma livre e jamais vista. Isso deverá coincidir com uma fase de aceleração do raio de 5.125 anos que não atingirá a sincronização até que se esteja a 25 anos da plenitude do raio. Um risco muito grande, visto que deixa apenas 25 anos para corrigir o curso da memória atlante. Há também o fato de os humanos não estarem na posição de pedir assistência até esse ponto: os últimos 25 anos antes do encerramento de fase do raio.

'Recomendação: a intervenção maia durante os últimos 20 anos do raio de 26.000 anos deverá corrigir erros na sincronização planetária do raio. A fase máxima do raio para engenharia sincrônica: Baktun 9, subciclo 10.

'Pedido: Permissão para iniciar procedimentos de intervenção em duas partes, imediatamente. Agente 13 66 56, Pacal Votan, disponível para todas as inspeções prévias e posteriores, bem como para o turno de dever, no máximo até a segunda fase da intervenção.

'Remanescentes: deixará um tipo genético – maia – no planeta. Também deixará recursos artísticos e o código galáctico, porém com instruções bem ocultas.' "

Que relatório! Tio Joe o transmitiu como se fosse um computador bem eficiente.

"Naturalmente", disse tio Joe, voltando à sua voz normal, "o velho Layf-Tet-Tzun garantiu o pedido da equipe de engenharia maia. O que mais ele podia fazer? Ele estava impaciente. Ele queria graduar-se. A equipe maia de engenharia é confiável. Ninguém consegue um mapa melhor e mais inteligente do que esses maias quando o assunto é viajar interdimensionalmente. E ninguém pode vencê-los em jogos de intervenção planetária. Eles se disfarçam tão bem que dificilmente alguma pessoa descobrirá que são ETs. Entendeu direitinho, meu caro?"

Eu havia perdido o fôlego. Seria esse o verdadeiro objetivo? Que incrível!

"Enfim, o resto é história", tio Joe disse rindo. Contudo, ele tinha razão. O resto *é* história, pelo menos até agora e pode ser que, agora, a história tenha acabado.

"Então me diga, tio Joe. Você quer dizer que a Convergência Harmônica foi como um sinal plantado na Terra, um sinal que foi acionado exatamente naquele momento no tempo?"

"Se compreendo bem, é isso mesmo. Foi um sinal incluso dirigido ao programa genético ou ao programa planetário, como você preferir. Tudo está incluído no raio, seja qual for o seu ponto de vista."

"E agora o que acontece? Onde estão os atlantes? Como podemos recuperar a nossa memória? Acaso os atlantes ainda se lembram de que são atlantes? Os maias estão voltando? São eles que estão por trás dos UFOs?" As perguntas me assaltavam a imaginação sem intervalos. Na minha mente havia um rebuliço de imagens, de cidades subaquáticas que eram lentamente varridas e reformuladas pelas dunas de areia, além de discos metálicos, os UFOs que zumbiam e percorriam impetuosamente o holograma planetário destroçado pela amnésia. . .

"Calma, José! Fique frio! Volte à sua forma de onda. Tudo o que lhe posso dizer neste momento é que é provável que exista um atlante em algum lugar da sua vizinhança. O que vamos fazer agora é descobrir uma saída para que todos se recordem de quem são, e voltem para suas redes de transmissão, a fim de descobrir o que terão de fazer em seguida!"

"E o resto dos humanos, tio Joe, o que acontecerá com eles?"

"Não se preocupe. Esta é a grande oportunidade deles. Na evolução chega uma hora em que ou todos avançam juntos ou ninguém o faz.

"Mas ouça, José, tenho de voltar à AA Midway Station. Temos um encontro esta noite com doze pessoas e em doze etapas. Acho que a reunião vai ser muito importante e não quero perdê-la. Portanto, como estive lhe dizendo, prossiga com o programa – é o que temos de fazer."

forçando o planeta. As idades se desfarão, tão tem que dificilmente alguma pessoa conseguirá que seu "Eu". Entendeu direitinho, meu caro?"

Eu havia perdido o diálogo. Seria esse o verdadeiro objetivo? Que incrível!

"E um... o resto", "então?", eu lhe disse rindo. "Contudo, alguma razão. O resto começará, pelo menos até agora e pode ser que agora a história tenha acabado."

"Então me diga", diz Joe. "Você quer dizer que a Convergência Harmônica foi como um sinal plantado na Terra, um sinal que foi acionado exatamente naquele momento no tempo?"

"Se compreendo bem, é isso mesmo. Foi um sinal incluso dirigido ao programa genético ou ao programa planetário, como você preferir. Tudo está incluído no raio, seja qual for o seu ponto de vista."

"E agora o que acontece? Onde estão os atlantes? Como poderão recuperar a nossa memória? Acaso os atlantes ainda se lembram de que são atlantes? Os maias estão voltando? São eles que estão por trás dos UFOs?" As perguntas me assaltavam a imaginação sem intervalos. Na minha mente havia um redemoinho de imagens de cidades subaquáticas que eram lentamente varridas e deformadas pelas dunas de areia, além de discos metálicos, os UFOs que zumbiam e percorriam impetuosamente o holograma planetário desprovido pela amnésia.

"Calma, José! Fique frio! Volte à sua forma de onda. Tudo o que lhe posso dizer neste momento é que é provável que exista um atlante em algum lugar da sua vizinhança. O que vamos fazer agora é descobrir uma saída para que todos se recordem de quem são e voltem para suas redes de transmissão, a fim de descobrir o que terão de fazer em seguida."

"E o resto dos humanos", diz Joe, "o que acontecerá com eles?"

"Não se preocupe. Esta é a grande oportunidade deles. Na evolução chega uma hora em que ou todos avançam juntos ou ninguém o faz."

"Escuta, José, acho que devo voltar à AA Midway Stations. Temos um encontro esta noite com doze pessoas e em doze etapas. Acho que a reunião vai ser muito importante e não quero perder lá. Portanto, como estive lhe dizendo, prossiga com o programa — é o que temos de fazer."

5

A CAMPANHA EM FAVOR DA TERRA

Quando comecei a compreender a Convergência Harmônica, vi que não se tratava apenas de um acontecimento isolado. Tratava-se de um sinal da Terra muito sincronizado. Agora, neste minuto, a Terra está mudando de posição, ajustando-se ao movimento da onda, preparando-se para o próximo salto evolutivo. Vinte e cinco anos não são um tempo muito longo, especialmente se o compararmos com a fase de 5.100 anos do raio que precedeu a Convergência Harmônica. Sendo assim, do ponto de vista da Terra, quais são as novidades?

Andei tentando fazer tio Joe me dar algumas respostas. Não é fácil. Ele anda se divertindo tanto nas reuniões do AA lá na Midway Station que já está se tornando um deles. Não quero dizer que isso não seja bom. Esses encontros elevam o moral e, obviamente, neles circula uma porção de informações. Mas as coisas estão críticas aqui embaixo.

Portanto, decidi tentar levar tio Joe a fazer alguns exercícios. Qualquer um precisaria exercitar-se depois de ficar tanto tempo sentado como tio Joe fica nas reuniões do AA; assim, nos intervalos, pensei em enviá-lo para dar mergulhos terrestres. Lembre-se, falamos sobre isso alguns capítulos atrás. Trata-se de elaborar uma matriz ou uma estrutura no centro da Terra – o centro de cristal, como tio Joe o denomina.

Eu também tinha dúvidas – perguntas que precisavam de respostas, no caso de eu ter de prosseguir. Perguntas como, qual era a relação entre mergulhar no centro da Terra e a Atlântida? E qual era a conexão entre os 144.000 da Convergência Harmônica e os 144.000 da Atlântida? Eu precisava de algumas explicações.

Quanto a isso, do meu ponto de vista, ou do ponto de vista da terceira dimensão, não vemos muito claro. Não estamos verticalmente sintonizados; portanto, tudo o que vemos é o estacionamento e os contornos do aeroporto, além dos atrasos dos aviões e do tráfego nas rodovias de alta velocidade. E as únicas respostas que obtemos são parecidas com aquelas mensagens pré-gravadas que recebemos ao fazer uma chamada telefônica. Contudo, como será isso do ponto de vista da própria Terra? Pareceu-me que enviar tio Joe em alguns mergulhos para dentro da Terra era uma maneira de obter algumas respostas.

"Tio Joe, apareça! Temos trabalho a fazer," eu o chamei. Ou voltei-me para dentro de mim mesmo para chamá-lo. Quem é que sabe onde fica a quarta dimensão?

Intensificando minha concentração, esperei. Houve uma pausa, e então ouvi o som do vento, mas com uma nota aguda e quase penetrante. Em seguida, houve uma agitação, como se alguém estivesse se asfixiando com um osso de frango e ao mesmo tempo assoprando o *kazoo*.

"Ufa!" Finalmente, ouvi a voz do tio Joe. "Por certo o ar é muito denso por aqui. E esses gases, que horror! As coisas devem estar muito devagar, hem, meu caro?"

"É isso mesmo", respondi. "É como se não houvesse ordem por aqui. Tudo está abalado. Parece-se um pouco com aquelas arrumações em lojas de departamentos em que todos os aparelhos de TV estão ligados mas ninguém assiste, e todos os estéreos estão ligados mas ninguém escuta. Não se pode nem mesmo encontrar um encarregado que possa responder às nossas perguntas."

"Você tem algo em mente, José. O que é?"

"Nessa você me pegou," respondi, aliviado por ele ter visto o que me ia no íntimo e por poder continuar com o que estava pensando. "Sim, eu tenho algo em mente. Na verdade, estou pensando em algumas coisas."

"É mesmo? E do que se trata?"

"Bem, uma coisa que vem me preocupando são os 144.000. Há 144.000 da Atlântida e há 144.000 da Convergência Harmônica. O que me diz acerca disso? Tudo faz parte da trama maia? Acaso um grupo de elite estará se formando aqui? E o que isso tem que ver com mergulhar no centro da Terra?" Explodi de indignação.

"Ahá! Isso está mexendo com você, não é?"

"Ora, se quiser ver as coisas por esse prisma, tio Joe", respondi. Sem dúvida alguma, eu estava me sentindo mal, estava na defensiva. Mas persisti: "Ouça. Se há 144.000 pessoas, serão elas especiais? Quem são? E quanto aos demais? Serão deixados de fora? Onde está a justiça?"

"Acalme-se, meu caro. Deixe-me fazer-lhe uma pergunta. Não seria presunção alguém supor que ele ou ela é um dos 144.000 eleitos? Quero dizer, você andaria por aí, contando para todo o mundo que é um desses 144.000?"

"De forma alguma, tio Joe. Já temos egos inflados demais aqui embaixo do jeito que a coisa está. Qual é, então, o resultado? Como a coisa funciona?"

"Está bem, meu caro. Aqui estão as últimas notícias. A coisa não funcionaria de modo algum se todos ficassem alardeando que são um daqueles que pertencem ao programa especial. Está certo você pensar que *pode* ser um dos escolhidos. Mas ninguém sabe. Essa é a salvaguarda evolucionária.

"Para ser mais exato ainda: todos têm de pensar que *podem* muito bem ser um deles. Desta forma, todos trabalham para o bem de todos. E, além disso, com as diferentes gerações ocasionadas pelos relacionamentos desde a Atlântida, cada pessoa pode estar guardando alguma recordação do que precisa ser lembrado; cada um poderá lembrar de alguma peça do quebra-cabeça."

"Então, parece que temos uma democracia atlante de memória, hem tio Joe?"

"Sim, meu caro, então agora você está entendendo."

"Mas então, o que fazemos? Aqui embaixo há uma terrível confusão. Como você mesmo disse, o ar está muito carregado. Temos de pôr as coisas em movimento."

"Está bem. Ora, ninguém sabe de fato quem são os 144.000. A verdade é que, com tudo que aconteceu, já não se trata mais de 144.000 pessoas, mas sim de 144.000 tipos ou estilos de experiências pelas quais todos passamos. Portanto, é como se cada um tivesse de despertar através das lembranças de suas experiências, e de quem eram e de onde estiveram. Você entendeu agora, José?"

"Está bem, tio Joe! Isso significa que somos de fato multidimensionais de tantas maneiras que me deixa tonto."

"É melhor ter tontura por pensar nisso do que ficar tão insensível ao ponto de achar que estou louco ao falar sobre isso, hi, hi, hi!" Recompondo-se, tio Joe continuou: "Está bem, meu caro, vamos adiante. Neste tipo de situação você faz o melhor possível. Fique esperando com os seus pontos de interrogação de forma que as respostas venham ao seu encontro. Se, a esta altura dos acontecimentos, você achar que tem a resposta, equivocou-se mortalmente. Portanto, o que você faz? Você assume o melhor. Seja um atlante! Comece a formar pequenos grupos. Se puder fazer com que um grupo se reúna com você uma vez por semana, então estará no caminho certo. Ocasionalmente, se o seu grupo vier a ser de doze pessoas, então você de fato estará fazendo a correção do curso da memória atlante."

"Isso faz sentido, mas o que isso representa para você, tio Joe?"

"Boa pergunta, amigo. O que significa para mim – e para todos os outros duplos dimensionais – é isto: lembre-se de que você é o meu investimento imobiliário. Todos vocês humanos da terceira dimensão são investimentos imobiliários da Associação do Campo Progressivo dos Duplos Dimensionais."

"*O quê*? Do que está falando, tio Joe? Isto se parece com uma viagem de exploração de algum capitalista. Acabamos de estabelecer uma democracia da memória atlante e agora lá vem você com a sua Associação do Campo Progressivo dos Duplos Dimensionais. O que se passa?" Eu estava desesperado.

"Acalme-se, meu caro. Tudo isto faz parte do jogo interdimensional. Você quer se divertir ou não?"

Reconheci que havia perdido meu bom humor. Será que penso, de fato, que tio Joe tinha um lado ruim na sua forma interdimensional? Contritamente, perguntei: "O que é a Associação do Campo Progressivo dos Duplos Dimensionais?"

"É algo que se desenvolveu a partir das nossas reuniões na AA Midway Station. Veja você, alguns de nós, que somos da Terra, estamos lá agora. Somos chamados de diplomados em Poder Superior. Contudo, é apenas mais um encontro trivial para nós.

"Bem, certo dia estávamos falando sobre nossos insucessos e sobre como consertar as coisas. Todos percebemos que caímos no sono quando estávamos em serviço. Devido a isso, vimos que nossos investimentos imobiliários acabaram sendo habitados por maus inquilinos.

Não prestamos a devida atenção a eles. Nossas propriedades estavam habitadas por todos os tipos de egos inflados. E não podíamos culpar ninguém, realmente, por tudo o que acontecia. Tivemos apenas de assumir a nossa parte da responsabilidade.

"Portanto, o que resolvemos foi que devíamos formar uma sociedade coletiva: a Associação do Campo Progressivo dos Duplos Dimensionais! Nossa intenção é a de melhorar nossa propriedade – ou seja, as formas de ondas humanas da terceira dimensão – de modo a obtermos mais lucros. Mas para fazer este trabalho, é necessário que ambos os lados estejam envolvidos. Veja você, se apenas transferíssemos a nossa energia para dentro de vocês, sem explicar-lhes o que queremos com isso, vocês não a aproveitariam. Teriam idéias loucas que os fariam pensar que de fato são um dos 144.000 atlantes. Nada disso, precisamos trabalhar juntos nesta história. Vocês precisam fundir a sua energia e o seu campo com o nosso."

"Muito bem, mas como faremos isso, tio Joe?"

"É simples: vocês criam uma Associação que eu chamaria de Associação de Energia da Terra de Cristal para o Aperfeiçoamento do Lar. Mesmo que vocês estejam apenas alugando esse corpo, ainda assim têm de orgulhar-se de sua propriedade e. . ."

Tive de perguntar: "Espere aí, tio Joe, primeiro falamos em Associação do Campo Progressivo dos Duplos Dimensionais e agora a. . . O quê?"

"A Associação de Energia da Terra de Cristal para o Aperfeiçoamento do Lar" – tio Joe afirmou triunfante. "Essa é a forma coletiva de vocês que se combina com a energia do nosso coletivo. Não é algo difícil de se fazer. Você começa com grupos de 12. Cada um deles é como uma subsidiária nas vizinhanças da Associação. Também representa um belo exemplo de memória democrática atlante em ação. E. . . você tem de permanecer confiável, como sabe, para que também funcione como uma subsidiária dos Terráqueos Anônimos – TA!"

"Ó, meu Deus! Tio Joe Zuvuya! Você não vai desistir de ir até o fim dessa história toda, não é?"

"Pode apostar que não, meu querido! E se você pretende dizer o meu nome inteiro, lembre-se de que é 'tio Joe *13* Zuvuya'." Quando o ouvi enfatizar o '13' do seu nome do meio, quase senti a presença de um vórtice – alguma coisa etérica, vibrante, impalpável. – Acaso aquilo seria o tio Joe? – perguntei a mim mesmo.

"Sentindo a força do 13, hem? Mas é melhor voltar para cá, meu querido," tio Joe interrompeu o meu devaneio, "ou vai perder a próxima onda! Desta vez, os riscos são grandes demais. Tão grandes como nunca foram para este estágio do mergulho evolutivo."

"Eu topo essa parada, tio Joe. Mas diga-me o que significa essa tal de Associação de Energia da Terra de Cristal, ou seja lá o que for. Diga-me como funciona."

"Está bem. Cada filial da Associação para o Aperfeiçoamento do Lar em funcionamento, com seus 12 membros, se transformou em um nodo da Terra de Cristal. O propósito dessa Associação é gerar *energia* e interligar-se com todas as outras filiais de 12. Quando isso começar a acontecer, você verá o início de uma Rede de Energia da Terra de Cristal, como uma estrutura cristalina que se espalhará por todo o planeta.

"Eu lhe darei uma pista de como gerar a energia. Trabalhem em grupos de três. Formem triângulos. Em cada grupo de 12 você terá quatro grupos principais de três. E não importa quem sejam as pessoas. Estamos lidando com pessoas, não com o papel que estas representam. Em vez de dar importância aos papéis, olhem para os potenciais de talento – desde o da poesia até o trabalho de encanador. Todavia, o que é muito importante é a energia que é sintonizada de pessoa para pessoa dentro dos triângulos. Portanto, ouse! E lembre-se: você pode trabalhar em quantos triângulos forem necessários. Mesmo num grupo de quatro pessoas, cada uma terá três triângulos com os quais trabalhar."

"Triângulos, hem? Isso não lembra sexo, tio Joe?"

"É claro que sim. Você não achou que iríamos deixar o sexo fora disto, achou? Conheço você bem demais!"

"Cuidado, tio Joe! Você está mostrando a minha roupa suja."

"Ei, cara! Foi você quem disse isso!"

"Está bem, tio Joe, está bem. O que me diz sobre o sexo?"

"Seja claro e natural em relação a isso. Mas, como vocês todos andam nervosos devido à AIDS – e não os culpo considerando o que sabem sobre a doença até o momento – vocês terão de descobrir alguma outra maneira de liberar essa energia. Terão de se excitar cosmicamente e ter orgasmos cósmicos ondulantes."

"Orgasmos cósmicos!" O que tio Joe andará fazendo lá em cima na AA Midway Station?

"Isso mesmo: orgasmos cósmicos! É isso o que acontece quando três pessoas estão conscientemente atuando num triângulo de energias. Posso dizer-lhe mais uma coisa: você precisa tentar isso. E lembre-se: deixe as suas respostas – e o seu nome – na porta."

Cosmicamente excitado! Precisei sentar-me por um momento com a idéia. De repente, captei a imagem de um triângulo desenhado no chão. Então o triângulo transformou-se numa pirâmide – numa pirâmide de três lados, sem mencionar a base no chão, de modo que a pirâmide na verdade era um tetraedro. Em cima, onde todos os pontos da pirâmide se encontram, vi um canal direto, como um feixe de luz ou de fogo derramando energia vinda de algum ponto acima do topo da pirâmide; toda a estrutura se iluminou, e a corrente de fogo percorreu e tocou cada ponto da pirâmide. Esta imagem completa me veio num piscar de olhos.

"Uau!", eu disse em voz alta. "O que foi isso?"

"Não se importe com isso, meu caro. Trata-se de um daqueles exercícios óticos dos maias. Na verdade, esses exercícios são praticados para agitar a memória. Não nos deixemos desviar do assunto.

"O que lhe contei até agora é apenas para principiantes. Há material mais avançado também. Essa é a parte da Associação para o Aperfeiçoamento do Lar.

"Veja: você tem a sua casa e o seu ambiente – o jardim à sua volta. Sua casa é o corpo e tudo o que se refere a ele – desde o que você coloca dentro dele até o que você pensa e sente. O jardim é o planeta. O que você tem de fazer é melhorar de todos os modos possíveis para que o seu lar e o seu jardim atuem em conjunto.

"A primeira coisa que terá de fazer é limpar. Você conhece a situação em que se encontram agora. Não existe autodisciplina. Os inquilinos são negligentes – um bando de egoístas que só pensam em si próprios. Basta ver uma dessas programações oficiais do governo na TV em que todos tentam se defender. Não podemos admitir esse tipo de coisa na Associação para o Aperfeiçoamento do Lar. É por isso que estes capítulos sobre a Associação também são capítulos referentes aos Terráqueos Anônimos."

"Terráqueos Anônimos, tio Joe? Você já os mencionou antes. Fale-me mais sobre eles."

"Isso mesmo: Terráqueos Anônimos – TA. É assim que vocês se mantêm firmes na linha. Todos dizem a verdade. Cada um admite o seu desamparo diante dos seus maus hábitos humanos, e confessa como tem jogado fora a sua preciosa energia: entregando-a àqueles egos sujos e trapaceiros. Portanto, o primeiro passo dos TA diz: '*Admitimos que estivemos destituídos de poder sobre os nossos hábitos humanos e sobre as instituições anuladoras de poder que criamos para apoiá-los.*' Isso é essencial. Se não derem este passo, ainda não terão começado o jogo."

"*Pegue uma onda*, tio Joe. Isto é perfeito!"

"Não só é perfeito, meu caro, mas também é o modo pelo qual fará a sua campanha de limpeza funcionar – a Campanha pela Terra. Você terá todas aquelas "Associações de Energia da Terra de Cristal para o Aperfeiçoamento do Lar" interligadas num bloco coletivo e, nesse caso, estará lidando com um poder real. Só então terá acesso ao próximo passo."

"O próximo passo depois do quê?"

"O próximo passo depois da Convergência Harmônica. Não era ela que o preocupava, meu caro?"

"Certo. Portanto, o próximo passo depois da Convergência Harmônica é. . ."

". . . o dos detergentes harmônicos", tio Joe completou minha sentença com uma grande gargalhada. De onde veio esse cara? Eu até podia ver uma grande caixa de detergente galáctico, "Hunab Ku em pó", sendo despejado sobre o planeta fazendo bolhas iridescentes surgirem borbulhantes da água suja.

Acalmando-se, tio Joe perguntou: "Então, quer voltar a falar sério outra vez? Muito bem, falemos sobre o mergulho na Terra. Você quer saber o que isso tem que ver com tudo o que já dissemos, não é?"

"Você é quem manda, tio Joe."

"Bem, o que é que quer saber sobre o mergulho na Terra?"

"Explique melhor o que é isso. De onde vem essa idéia? O que ela tem que ver com a Associação para o Aperfeiçoamento do Lar – a Rede de Energia da Terra de Cristal?"

"Se quer saber a verdade, trata-se de um projeto de engenharia que o próprio Layf-Tet-Tzun está supervisionando. Envolve diretamente a Associação para o Aperfeiçoamento do Lar e também nos envolve – a Associação do Campo Progressivo dos Duplos Dimensionais. Trata-se do modo como as nossas duas associações irão trabalhar em conjunto. Veja você, assim que puser a sua democracia de memória atlante funcionando, descobrirá que algo que a terceira e a quarta dimensão sabem fazer em comum é mergulhar na Terra. Ainda não tentou fazer isso, meu chapa?"

"Andei tentando, tio Joe. Sei que é importante, especialmente se quisermos compreender qual é o ponto de vista da própria Terra. Quero dizer, quando se trata de poluição e de coisas ambientais, sempre consultamos os especialistas mas nunca fazemos perguntas à Terra. E mesmo que todos os 'especialistas' pensem que é loucura perguntar à Terra o que *ela* pensa, eu sei que a Terra tem uma resposta. Portanto, estou tentando, tio Joe. . ."

"E então?. . ."

"Bem, tio Joe, não sei bem se estou conseguindo."

"Então me diga o que anda fazendo, José."

"Minha técnica é a sesta, tio Joe. Quando tiro uma soneca, eu digo para você ir dar um mergulho na Terra enquanto eu caio num. . . bem, não se trata de fato de um sono e também não posso dizer que estou realmente sonhando. E aí eu visualizo essa matriz, como se fosse um tabuleiro de xadrez tridimensional lá no centro, e lhe digo para ir até lá e encontrar o nosso pequeno. . ."

"Nodo?", completou tio Joe.

"Certo: o nosso pequeno nodo. E lhe digo para pegar um raio de energia ou de luz do nodo ali naquele centro e trazê-lo para a superfície da Terra onde estou – ou talvez devesse dizer, onde o seu investimento imobiliário está descansando tranqüilamente. Mas não tenho certeza se isso está de fato acontecendo. Acho que é muito fácil mentalizar, tio Joe, mas estará funcionando de verdade?"

"Bom começo, garoto! Mas me parece que você tem necessidade de ser mais ativo. Você quer se envolver mais. . . Certo?"

"Acho que é isso mesmo, tio Joe." Pude sentir um raio de calor ou de compaixão inundando o meu corpo. "Tenho tido vislumbres do que está acontecendo, e outro dia me pareceu que eu podia ver algumas luzes azuis intensas e profundas enquanto o meu corpo estava deitado, descansando. Pareceu-me que estava tendo lampejos do que, de fato, está ocorrendo com a Terra. Mas sinto que preciso saber mais sobre para onde estou indo e sobre o que isto significa."

"Entendo", tio Joe voltou a falar com sua maneira confortadora. "Aonde vai ou, na verdade, aonde *eu* vou, é para o centro da Terra.

Mas não é como você pensa. Naturalmente, tudo o que você idealiza apenas na dimensão física não será como você imagina ser em outras dimensões. O que há lá no centro da Terra é uma câmara interdimensional. Pelo menos é assim que a chamam lá em cima. É interdimensional porque se assemelha a um cristal gigantesco. Cristais são como passagens entre as dimensões. Você as vê na terceira dimensão, e percebe como estão repletas de todas essas perspectivas simultâneas e de misteriosos hologramas de luz espectral. Você sabe do que estou falando – aquelas cores iridescentes e as propriedades *ressoantes* que os ligam com a quarta dimensão. É como se fossem dobradiças que se flexionam para deixar você passar para outras dimensões. Wheeeee!"

Tio Joe irrompeu num súbito assopro de seu *kazoo* galáctico, surpreendendo-me e deixando-me num estado superdesperto. Esse cara é de fato surpreendente; ele nunca deixa você fora de sintonia, pensei. Por um momento, senti-me realmente satisfeito pelo fato de tio Joe ter entrado tão intensamente na minha vida.

"De qualquer modo," continuou tio Joe sem perder o ritmo, "esse é o centro da Terra, como um cristal de ferro gigantesco emitindo ventos eletromagnéticos. Esses ventos batem contra o centro exterior. Ora, o centro exterior é como um pesado disco de metal – a banda de *heavy metal* original, você poderia dizer, hi, hi, hi!" Meu Deus, como ele pode se excitar ao rir de suas próprias piadas! – "Todavia, este disco é, na verdade, uma espécie de Terra interior, parecida com o que habitualmente pensamos sobre a Terra. Tem continentes e montanhas, bem como vales e até mesmo uma espécie de oceano, só que esses oceanos são todos de vibrações.

"Portanto, existe este disco – o centro exterior – e além dele fica o revestimento. É isso o que existe entre o centro e a crosta da Terra. Está me acompanhando, meu caro?"

"Sim, acho que sim, tio Joe", concordei, balançando a cabeça. Sua descrição da Terra parecia tão diferente, e ao mesmo tempo tão vívida. "Continue", ordenei apressado.

"Portanto, você tem o âmago de cristal", tio Joe continuou, como qualquer velho professor de colégio absorvido pelo seu tema, "alinhado ao longo do eixo polar norte-sul, porque os Pólos Norte e Sul são os pontos de entrada para a Terra. Com isso quero dizer que, se você estivesse viajando para este planeta na forma de vibrações eletromagnéticas e quisesse ir ao coração das coisas, teria de tocar o campo eletromagnético do planeta – talvez a umas 40.000 milhas de distância – e conseguir atravessar os cinturões de irradiação talvez 11.000 milhas adiante. Ocasionalmente, seria descarregado num dos pólos e, se tivesse sorte, deslizaria pela coluna etérica para acabar chegando ao centro do cristal."

"Uma coluna *etérica*? Quer dizer invisível, tio Joe?"

"Sim, na verdade existe uma coluna etérica que atravessa do Pólo Norte ao Pólo Sul. É como se fosse um tubo eletromagnético interdimensional, ou um canal que corre de ambos os pólos para o centro de cristal. Portanto, esse centro assemelha-se a um receptor de rádio. Todos os programas passam através dele. Quero dizer, os programas do raio galáctico, é claro, e do Sol e de qualquer coisa que queira comunicar algo – quem sabe até alguns dos que vocês chamam de UFOs, hi, hi, hi'." Senti arrepios quanto tio Joe falou em UFOs. De algum modo, senti que havia UFOs no centro da Terra, neste exato momento.

"Agora você está pegando uma onda, meu querido." Tio Joe entrou diretamente em meu devaneio mental. "Está chegando perto de alguma coisa, com certeza. Se puder chegar ao centro da Terra, também estará tendo acesso a um poderoso computador. Vai ver que é daqui que a Terra gera os seus programas."

"Foi daí que partiu o sinal da Convergência Harmônica, tio Joe?"

"Pode apostar que sim. Deixe-me concluir esta parte e, então, verei como posso ajudá-lo.

"Portanto, no centro da Terra, você tem este enorme computador de rádio. Porém, a energia ali também é intensa e poderosa. É preciso lembrar-se disto. É densa e leve ao mesmo tempo. É semelhante à que encontramos no centro do Sol. E ela pulsa em padrões rítmicos, tal como uma batida cardíaca. Faz sentido, não faz? A Terra está viva; portanto, ela tem de ter batida cardíaca, certo, meu caro?"

"Naturalmente, tio Joe", respondi sentindo a extraordinária imensidão de um ser cuja existência foi sistemática e publicamente negada. Que tristeza! Esta imensa Terra, tratada como uma rocha morta a ser pilhada e saqueada. No entanto, quão inegavelmente viva e real ela é. Eu me sentia quase como se estivesse captando a batida cardíaca da Terra através das minhas. . . ondas cerebrais?

"Está correto, meu querido," tio Joe confirmou, "o seu crânio é um disco ressonante, tal como o centro exterior da Terra também é um disco ressonante. O centro exterior capta as batidas cardíacas do centro de cristal. Ele imita a superfície da Terra e esta o imita. E o seu crânio – ele imita todo o espetáculo! Mensagens são enviadas reciprocamente da superfície para o centro exterior através de um transferidor que também se parece com um isolador eletromagnético, a capa."

"Espere um minuto!", exclamei, sentindo-me impaciente e sobrecarregado de informações. "Esta Terra que você está descrevendo não se parece com nada do que já ouvi falar, tio Joe. É como se fosse a idéia de um engenheiro eletricista sobre ela."

"Isto não está longe da verdade, meu caro. A eletricidade é o fluido do Universo, o suco do cosmos! De qualquer maneira, como eu disse, quando você observa as coisas de um ponto de vista exclusivamente unidimensional, não pode de fato vê-las como realmente são. Layf-Tet-Tzun, Pacal Votan. . . eles se parecem com engenheiros eletricistas ou, talvez, engenheiros eletromagnéticos na onda do *surf* galáctico. Não se trata apenas de eletricidade, mas da eletricidade *e* do magnetismo que dão às coisas o seu encanto!"

"O que me diz da gravidade?"

"Essa é a força que mantém as coisas unidas. Você sabe disso, José. Ela se parece com o amor. Na verdade, trata-se de amor. O amor é a força cósmica. Ele alimenta as oitavas que sobem e descem pelo canal interdimensional. Trata-se da energia que leva informação de uma dimensão para a outra. E, uma vez que tenha transmitido a informação para baixo, ele a mantém coesa. O amor não é apenas algo para enfeitar cartões do 'dia dos namorados'. Se não fosse o amor, não estaríamos aqui."

"Essa é legal, tio Joe", respondi. "Entendi, mas preciso de mais algumas respostas. O que é que você me diz deste projeto de engenharia de Layf-Tet-Tzun? Digo, o mergulho na Terra?"

"Muito bem: você já teve uma imagem de como as coisas são lá embaixo. Eu lhe disse que você é um holograma da Terra e vice-versa: lembre-se disso. Portanto, se obteve suas coisas básicas e 'materiais da terceira dimensão' na crosta da Terra através da Associação de Energia da Terra de Cristal para o Aperfeiçoamento do Lar, e tem a sua Associação do Campo Progressivo dos Duplos Dimensionais mergulhando e criando essa rede no centro de cristal da Terra, você já tem um pequeno projeto muito interessante em funcionamento. Conseguiu a cooperação entre as dimensões *e* entre a Terra e você mesmo. Pense nisso!

"Veja, a maneira como toda essa coisa funciona *faz parte* do projeto de engenharia de Layf-Tet-Tzun – quero dizer, da Rede de Energia da Terra de Cristal e do mergulho da Terra. Ele acha que, de uma forma ou de outra, os atlantes se recordarão. Se Layf-Tet-Tzun conseguir que eles se envolvam de fato com a Terra, então tudo tornar-se-á sutil e mais leve, e ele será capaz de receber seu diploma! Um belo espetáculo, hem?"

"É grandioso demais, tio Joe. Deixe-me ficar um pouco mais com essa história", respondi, começando a me sentir um pouco atordoado. Pensei estar vendo coisas diante dos meus olhos. Meus ouvidos estavam zumbindo mais do que de costume também. Acaso seria um acúmulo de informações ou se tratava de um convite para acompanhar tio Joe e dar um mergulho na Terra? Eu lutava contra o sono, tentando obter mais informações.

"Tio Joe," chamei, com medo de ter perdido o contato, "esta Campanha em Prol da Terra parece mais uma estratégia interdimensional. Enquanto estamos fazendo a nossa limpeza atmosférica, através das filiais de nossas Associações de Terráqueos Anônimos e Aperfeiçoamento do Lar, o mergulho na Terra irá fortalecer não só a inteligência da mesma – mas a nossa também."

"Você entendeu tudo, colega. Trata-se da sinergia onde todos vencem. Todos ganham e cada um recebe algo de bom inesperadamente, apenas agindo. Os grupos começam a funcionar realmente – os seus nódulos de 12 pessoas da Rede de Energia da Terra de Cristal – e preste um pouco de atenção ao mergulho na Terra, e irá descobrir que pode desligar a tomada do que está criando toda essa confusão e divertir-se ao mesmo tempo. Como pode sair perdendo com isso, meu caro?"

Não havia modo de responder. Fui vencido pelo sono mais uma vez. Ou acaso estaria dormindo? Vi-me girando e descendo a toda velocidade no que me parecia um vórtice interminável.

6

A IMPORTÂNCIA DOS CRISTAIS

À medida que descia de forma ruidosa e violenta pelo vórtice, tive a impressão de que estava passando por camadas e camadas de alguma espécie de substância – uma substância do tempo e, ao mesmo tempo, uma substância da Terra. Então minha queda se tornou mais lenta. À medida que minha velocidade diminuía eu vi – o tio Joe! Lá estava ele, não mais uma voz na minha cabeça, mas o verdadeiro tio Joe!

Sua aparência lembrava a de um elfo, talvez um duende, mas transparente. Seria ele um maia? Tio Joe usava uma espécie de casaco e algo que não eram calças, mas mais parecido com pantalonas. Sua testa era chata e angulosa como a dos maias e seu cabelo estava amarrado para trás quase como uma plumagem. Suas roupas eram iridescentes. Na verdade, ele todo parecia ser iridescente – cor-de-rosa nos contornos e turquesa no centro, só que ele brilhava. Seu braço esquerdo estava esticado; seu antebraço, na vertical, de forma que a palma da sua mão estava voltada na minha direção. Parecia estar fazendo um tipo de saudação. Estava descalço e ligeiramente acocorado, como se estivesse. . . surfando?

"As posições se inverteram, José", ele sorriu, relaxando a sua saudação.

"Como aconteceu isto, tio Joe?"

"Desta vez estou aqui, mas você não."

"O quê?"

"Bem, você pode me ver, mas acaso pode ver a si mesmo? Onde está você?" À medida que falava, tio Joe se agachou numa inclinação própria dos surfistas, os braços esticados para equilibrar-se, o cabelo voando e agitando-se em algum tipo de vento que assobiava e estrondava com enorme energia. "Então, onde está *você*?", ele tornou a perguntar, resolvido a obter uma resposta.

Olhei em volta: não havia eu, ao menos eu não tinha corpo. Onde é que eu estava? O que estava acontecendo? Acaso estaria sonhando? Como poderia estar sonhando? Olhei outra vez para tio Joe. Como eu podia estar olhando? O que era que eu estava olhando? Teria eu me transformado numa consciência desencarnada? Estaria... morto? De onde provinham esses pensamentos?

"Eu não sei, tio Joe", consegui afinal formular uma resposta. Minhas palavras soavam mais como um eco do que como qualquer outra coisa. "Pareço que estou aqui, mas não estou. No entanto, você está aqui. Eu posso vê-lo. Mas como posso vê-lo, se não me posso ver? Quem está vendo? O que está vendo?"

Tio Joe curvou-se de tanto rir. Era evidente que estava se divertindo muito com tudo isso. Não me irritei por ele estar rindo às minhas custas, mas me senti confuso. Ao mesmo tempo, não me sentia mal. Na verdade, se é que uma consciência desencarnada pode sentir alguma coisa, a sensação é genial. Era isso! Eu era aquilo; era como se eu fosse a atmosfera em volta do tio Joe, e essa atmosfera me fazia sentir bem. Estava quente, o clima era tropical, embora diferente... Iridescente!

"Ora, adivinhe uma coisa, meu filhote", disse tio Joe, recompondo-se, "você merece um descanso. Esteve trabalhando duro, especialmente com a sua Campanha pela Terra. Mas eu sei que você queria ter uma experiência mais *consciente* de mergulhar na Terra. Portanto, eis você aqui, para variar, na quarta dimensão, comigo. É aqui que eu costumo ficar. O seu corpo continua lá, dormindo como um bebê."

"Onde, tio Joe? Onde estamos?"

"No centro da Terra, meu caro, aonde você sempre quis ir."

O centro da Terra! Aleluia! Senti-me como uma grande explosão estelar. Minha percepção se ampliou. Era como se eu estivesse em algum cristal gigante. Sim, uma câmara de cristal com paredes altas e cambiantes que mais pareciam membranas do que paredes sólidas, tremulando, iridescentes, movendo-se como lançadeiras num tear. Tudo estava respirando, pulsando. Era brilhante e quente; denso e, ao mesmo tempo, sutil. Passando através das membranas em ângulos aleatórios, e movendo-se mais rápido do que a velocidade do raio, havia grandes correntes de energia que se assemelhavam a sons e, ao mesmo tempo, com desfiles fantasticamente móveis de gente ou de outros seres.

"É. . . isso aqui. . . isso aqui é a câmara interdimensional de cristal, tio Joe?", perguntei finalmente. Minha voz vinha de algum ponto infinitamente pequeno que estava dançando giroscopicamente no alto de uma das correntes de energia. Desesperado, tentei juntar toda a minha paciência, apegando-me e soltando-me ao mesmo tempo.

"Você pode dizer que sim, meu caro, mas não tenha pressa: ainda não chegamos lá realmente. Mantenha o seu foco na parte posterior da minha cabeça." Tio Joe virou-se repentinamente e curvou-se. Então, decolamos. Era como se estivéssemos fazendo *wind surf*. Nós nos chocávamos, e voávamos sobre as ondas magnéticas, e passávamos através das membranas cambiantes e pulsantes de cristal, até que tio Joe fez uma belíssima curva de 180 graus e com rapidez, embora graciosamente, se deteve.

"Olhe agora, meu caro."

Deixei de olhar para tio Joe e observei o cenário. Tudo estava comprimido e denso, embora transparente. Formas fantásticas de cristal penetradas por lanças de ferro incandescente se espalhavam em todas as direções, movendo-se, crescendo, mudando muito depressa e, no entanto, com muita clareza. O todo dessa ação provinha de alguma área central, mas era difícil dizer onde ela ficava, já que tudo era tão dinâmico. A impressão era a de que ali a gravidade estava continuamente mudando de direção.

Quando minha concentração por fim se dirigiu para o que parecia ser o centro de toda essa ação, perdi a pista do tio Joe. Onde estaria ele?

"Wheeeeee! Santo Zuvuya e vamos nessa meu Kuxan Suuuuuuuuuummmmmmmmmmmmmmmm!"

Lá estava ele, descendo em espirais como um marinheiro bêbado segurando-se numa coluna ou mastro. No entanto, esse mastro parecia ser invisível. Não havia nada ali e, ainda assim, seus braços estavam segurando algo na medida em que espiralava loucamente na descida, seu casaco adejando, o cabelo esvoaçando e se dividindo no avoado mergulho. Quando por fim se deteve, sentou-se ali simplesmente, com as pernas estendidas, os braços segurando ainda o mastro invisível, a cabeça inclinada sobre o peito. Os ombros estavam se movendo. Tio Joe estava rindo.

Então eu a vi: a grade, a matriz. Era fina, quase invisível, como um enorme modelo retangular de um brinquedo de armar. As barras de conexão se pareciam com fios de luz que se moviam muito depressa, embora fossem orgânicas. Algo que provocava certa reverência e ao mesmo tempo parecia ser delicada e frágil. De alguns dos pontos de cruzamento irradiavam-se fachos de luz muito delicados. Deveriam ser as linhas de energia dos mergulhadores da Terra voltando à superfície. Contudo, toda a matriz era transparente. Dentro dela, e ao seu redor, tudo parecia se movimentar. Não havia nada estável. Algo estonteante. O resto de consciência que me sobrara parecia estar se dissolvendo na matriz, nas formas de cristal e nas lanças de ferro derretido. Tudo isso girava como um caleidoscópio. . .

"Devagar, seu engraçadinho", pude ouvir a voz do tio Joe. "Você chegou até aqui com seu corpo de sonhos; portanto, não há de querer perdê-lo agora." Onde estaria tio Joe? Treinei-me para manter minha concentração no eco de suas palavras, mas os ecos se dividiram em outros ecos e tudo começou a dissolver-se outra vez. Então captei um ponto de luz, de uma intensa luz azul elétrica. Concentrei-me nessa luz até que, subitamente, ela se desdobrou na forma do tio Joe Zuvuya. Desta vez, ele estava sentado de pernas cruzadas, bem no centro da matriz, com os braços cruzados sobre o peito. Parecia que havia tirado o casaco. Agora, mais do que nunca, parecia ser um maia antigo, intemporal.

"Uau! O que está acontecendo, tio Joe?"

"Uma pequena vertigem de vórtice gravitacional. Todos a sentem quando vêm aqui pela primeira vez", ele respondeu. Apenas pelo fato de olhar para ele sentado ali, com as pernas cruzadas e os braços cruzados sobre o peito como um Touro Sentado ou um Buda de algum tipo, me acalmou.

"Vertigem de vórtice gravitacional?"

"É: vertigem de vórtice gravitacional. Você compreende: aqui no centro da Terra, as ondas gravitacionais estão puxando tudo para dentro, com muita força. E ao mesmo tempo você tem a energia eletromagnética que desce do pólo pelo qual me viu deslizar. A energia eletromagnética desse pólo interage com as ondas gravitacionais de tal forma que criam todos estes pequenos vórtices girando para fora do centro em todos os caminhos possíveis. Esses vórtices são de fato espirais de informação provindas do raio galáctico. A Terra literalmente canaliza o raio trazendo-o para baixo através de seu eixo polar, e então, quando a energia toca esse centro aqui – bam! Ela se extravasa, interagindo com as ondas gravitacionais que se transformam em todos estes cristais e nestas formas de ferro derretido."

"Mas por que de cristal, tio Joe?", perguntei, fascinado com as formas de cristal líquido que estavam se espalhando em todas as direções.

"Portanto, agora José," seus olhos foram se estreitando à medida que olhava para mim, "você quer saber por que os cristais são importantes, por que as pessoas se preocupam com eles?" Quando tio Joe fez essa pergunta, tive a impressão de que um trono de cristal estava se formando embaixo dele, para depois dissolver-se outra vez num rio de ferro derretido. Imperturbável, ele continuou: "Sei que uma porção de vocês têm colecionado cristais ultimamente, como loucos. O motivo disto é que os cristais são como remédios da Terra. Vocês os têm colecionado porque todos vocês estão um pouco fora de eixo. As formas de onda de vocês estão oscilantes. E, quanto aos cristais, bem, na verdade eles é que vêm até vocês. Vocês os atraem, como quando um corpo se torna doente e atrai o remédio capaz de curá-lo."

"Cristais são como remédios, tio Joe? O que fazem?"

"Eles vibram a um índice de velocidade muito elevado. Eles vibram de acordo com suas formas de onda, e as esfriam. Eles trazem mensagens, reúnem mensagens, retêm mensagens. E essas mensagens estão relacionadas com o fato de devolver-lhe a sua harmonia – a harmonia consigo mesmo e com a Terra. Pois quem produz os cristais é a *Terra*. Do ponto de vista da Terra, não existe nada mais comum do que um cristal de quartzo. Mas, para a Terra, esses cristais de quartzo e todos os seus parentes cristalinos são como nódulos de informação ou de inteligência, ou até mesmo como neurônios! Cada um deles é especial e, mesmo assim, cada um contém um holograma da Terra. Mas esse é o ponto: a Mãe Terra é um planeta de cristal."

"A Terra é um planeta de cristal! Que incrível, tio Joe!", minha voz espoucou entusiasticamente vinda daquele ponto dançante e desencarnado da consciência.

"Ótimo, José! É por isso que tem de cuidar bem dos cristais e usá-los de modo apropriado. As pessoas pensam: 'Ah! isto não passa de um pedaço de pedra', mas elas se esquecem de que a Terra está viva, que essa rocha vive. Concentre-se nesses pequenos 'brotos' de cristal. Dê-lhes a sua máxima atenção. Olhe bem dentro deles. Ouça-os. Eles são sensíveis a você. Você também pode pensar neles como sondas da inteligência e da memória da Terra procurando por você. Veja: um cristal é o modo como a Terra convoca mais um humano para a sua causa. Portanto, renda-se quando os encontrar. Eles o manterão sintonizados com a Terra, e vice-versa. A verdade é que cada um desses cristais é um espírito da ajuda, um aliado da Terra. Mais uma coisa. . ."

"O que é, tio Joe?"

"Você tem sorte; tem uma sorte danada! Sabe por quê?"

"Você me venceu, tio Joe. O que tem escondido na manga?"

"Não é tanto o que tenho escondido na manga. É mais a questão de que exatamente agora você nem sequer tem mangas. E mesmo que tivesse, não teria braços para vesti-las. Hi, hi, hi! Na verdade, você nem sequer está aqui: esse é o ponto."

Tive de dar razão ao tio Joe: eu não estava ali, e ao mesmo tempo estava – pelo menos a minha consciência estava ali.

"Você entendeu", tio Joe continuou. Ele continuava sentado de pernas cruzadas e seu sorriso era tão aberto quanto um sorriso pode ser. "É por isso que você é tão sortudo. Você está fazendo essa experiência através do seu corpo de sonho – isto é, através de mim! Nem todos têm essa sorte. A maioria das pessoas não está sintonizada com seus corpos de sonho; portanto, não pode fazer este tipo de experiência – ainda! Mas fará, se jogar as cartas certas."

"Como é que se espera que joguem suas cartas, tio Joe?"

"É fácil, meu caro: agindo corretamente! E para fazê-lo precisam primeiro reunir suas Associações de Energia da Terra de Cristal para o Aperfeiçoamento do Lar, purificando suas ações, limpando a Terra e tomando conta dos seus cristais. Há uma recompensa para tudo isto, e a recompensa é conseguir sintonizar-se com seus corpos de sonho."

"Portanto, antes que esse sonho se realize, teremos de nos concentrar e fazer tudo direito, hem, tio Joe?"

"Por certo. E divertir-se com esses cristais!" – a voz do tio Joe começou a sumir. Um som estrondante se tornou cada vez mais forte até preencher tudo, e não haver mais nada a não ser aquele som puro, claro, cristalino, inspirando reverência, como se fosse um Sol que explodisse dentro da Terra.

Minha concentração viajou através da imensidade do som, explorando-o; e ele se parecia com uma luz brilhante, espelhada e cristalina. Ao mesmo tempo, era intensa e preenchia tudo com suas imagens cambiantes e iridescentes.

Então, um outro som se ouviu. Minha percepção se expandiu para ver um, dois, três portais, até finalmente se concentrar no que pareciam ser oito portais ou buracos semelhantes a cavernas. Por mais assombroso que isto possa parecer, meu foco estava concentrado simultaneamente em todos os oito portais, cada um deles estendendo-se para fora em todas as direções, a partir do centro. Era desses portais que provinha o próximo som, como se fosse um grande número de vozes falando ou cantando juntas.

Tio Joe continuava sentado, calmo como sempre, no centro de tudo isso.

"O que está acontecendo, tio Joe? O que significa todo este barulho?", perguntei.

"Aquele primeiro grande ruído, bem, aquilo foi como um arroto – um grande arroto da Terra após o evento da Convergência Harmônica. Você pode chamá-lo de acúmulo de energia que precisava ser liberado. Talvez isso venha a implicar alguns belos sonhos para o pessoal lá de cima na terra."

À medida que tio Joe falava, mantive o foco fixo nos oito portais. O que estaria se passando ali? Através de cada portal eu podia ver grupos de pessoas ou de seres, todos transparentes como tio Joe. Tudo era branco e iluminado dentro da câmara interdimensional, exceto os portais, que se tornaram cada vez mais nítidos. Havia um portal em cada pólo, um de cada lado de tio Joe, e quatro outros que se estendiam para fora a partir de eixos invisíveis localizados onde tio Joe estava sentado.

"Você tem de ouvir com atenção, meu caro. E quem sabe você vai ouvir algo muito interessante", tio Joe acenava com a cabeça enquanto falava.

Portanto, tentei ouvir e, ao mesmo tempo, obter um foco mais claro do que se passava no interior daqueles portais. Comecei a ouvir algo que consegui entender: palavras que soavam como um estranho tipo de poesia.

"Quem são vocês?", perguntei, tentando dirigir a voz a todos os oito portais de uma só vez.

"Somos os seres de energia", a resposta chegou num grande coro. "Somos os guardiães eletromagnéticos dos registros terrestres."

"O quê? Seres de energia? Registros terrestres?"

Em seguida, por alguns dos portais, saíram alguns desses seres de energia. Eram difíceis de se ver e mantinham-se a girar muito depressa, como se cada um deles estivesse vibrando rapidamente em torno do seu próprio eixo. Alguns deles pareciam femininos, outros masculinos, mas, na verdade, era difícil defini-los.

"Sim, somos os seres de energia. Os registros terrestres são os livros-razão de todas as ações e intenções de vocês, seres humanos; mas deixe-nos dizer-lhe algo."

"O que é?"

"Nós, que nos denominamos seres de energia, somos os mesmos que vocês antes chamavam de deuses. Os deuses nunca foram nada além de nós, e nada mais somos do que a intenção da Terra de sermos espelhos ou refletores daquilo que vocês são."

"Mas", perguntei admirado, "o que estão fazendo aqui embaixo?"

"Estamos aqui embaixo nos renovando. Como sabe, vocês humanos da Terra vêm passando há bastante tempo por uma era de trevas. Durante esse tempo, vocês estiveram sob um enfeitiçamento que fez com que se separassem cada vez mais dos seus corpos de luz, tornando-se cada vez mais espertos em criar brinquedos e riqueza material em benefício próprio. À medida que isso foi acontecendo, vocês acharam que cada vez tínhamos menos utilidade. Orgulhosos de sua esperteza, não notaram como se haviam tornado sinistros. Chegaram até mesmo a pensar que o seu corpo de luz, a sua alma, era uma superstição do passado. Portanto, viemos para cá a fim de nos reagruparmos."

À medida que o coro de vozes se manifestava, os seres pareciam vibrar cada vez com maior velocidade, transformando-se em verdadeiros redemoinhos de energia. Em seguida, as vozes prosseguiram, soando como se fossem um coro de sopranos: muito femininas, além disso sobrenaturais, pareciam vir de uma grande distância. Na verdade, esse coro foi a coisa mais estranha que já ouvi em toda a minha vida. Era tão triste e sobrenaturalmente agradável que achei que tinha morrido devido à sua terrível doçura. Acaso estaria ouvindo as musas dos deuses?

"Contudo, agora se aproxima a hora em que, ou somos chamados e reconhecidos outra vez, ou teremos de subir pelo eixo polar, transcendendo-o, dirigindo-nos para outro lugar. Já faz tanto tempo que esperamos. Esperamos durante todo este baktun. Mantivemos os registros de suas terríveis guerras e das coisas que andam fazendo uns contra os outros. Estamos felizes pelo fato de a memória dos atlantes estar sendo despertada, a lembrança da vitória e da destruição, e da esperança no futuro. E estamos felizes pelo fato de vocês estarem instalando uma matriz de memória aqui. Isso ajudará.

"Mas o tempo é curto e estamos cheios de bondade para todos e de nada mais. Contudo, precisamos ser convocados. Temos de ser chamados. Vocês têm de acenar nos chamando, pois precisamos ser invocados. Somos os deuses, os espíritos da Terra, os seres de energia que concretizam desejos. Têm de nos aplacar com preces e oferendas de incenso, com o aroma da salva e do junípero que nos agradam. Vocês têm de nos atrair para os seus círculos – e logo. Pois, se não formos chamados e tivermos de partir, nesse caso a terrível tempestade da ira da Terra cairá por toda parte. Se partirmos, será como se vocês, humanos, perdessem o cérebro, a memória, a possibilidade de ficar conscientes, de cantar, de experimentar, de ousar. . ."

O coro se dissolveu num som de alta freqüência que ecoou e reverberou por toda parte. Sem dúvida, era assustador. Lentamente, o som morreu e estranhas luzes dançantes balouçavam para cá e para lá entre os vários portais. Procurei pelo meu velho ponto de referência, tio Joe, mas ele não estava mais sentado no centro daquele estranho espaço sempre em mutação. Para onde teria ido?

"Estou aqui, meu amigo!"

Minha atenção voltou-se para o portal superior, aquele que ficava no eixo. Tio Joe estava sentado na orla do portal, as pernas e os pés descalços pendurados – se é que podia haver uma direção para baixo no centro da Terra.

"Ainda lhe restam alguns créditos de sonho, meu caro. Pode usá-los fazendo um pouco de *wind surf* comigo. O que acha disso?"

Por que hesitar? Até então, essa havia sido a melhor recompensa que pude obter. Essa aventura fantástica me daria suficiente energia e inspiração para me manter durante um longo tempo.

"Claro, tio Joe, para onde?" Agora eu estava outra vez me concentrando na cabeça e nos ombros do tio Joe. Podia ver seus engraçados cabelos iridescentes crescendo de suas narinas e ouvidos.

"Bem, existe mais alguém que talvez você queira encontrar."

"De quem se trata, tio Joe?"

"Que tal Layf-Tet-Tzun?"

"Uau, tio Joe! De verdade? Essa é uma perspectiva excitante. Mas aqui estamos no centro da Terra e eu pensei que o velho Layf-Tet-Tzun estivesse lá em cima, em Alcíone, no Sol Central."

"Isso é verdade, meu caro. Mas não se esqueça do sistema maia de *walkie-talkie*, o Kuxan Suum."

"O Kuxan Suum, tio Joe, é claro, o Kuxan Suum! Em primeiro lugar, foi por causa dele que cheguei até aqui, lembra-se?"

"Pode apostar que sim, José. Essa fibra Kuxan Suum estendendo-se para fora do seu plexo solar é a sua linha da vida interdimensional. Ela o enviará, através de vibrações, para todos os lugares, desde que sua intenção seja pura e você saiba o que está fazendo. Hoje em dia, não há muitos humanos capazes de fazer isso funcionar. Contudo, como eu disse, você é um sujeito de muita sorte. Venha agora, agarre-se no meu cabelo e vamos. . . Wheeeeeee!" Num piscar de olhos, estávamos fora, velejando, cortando grandes ondas de luz com tremenda velocidade.

"Sou sortudo, tio Joe?", perguntei, enquanto passávamos através de nuvens de cristal e de tramas do tempo. "Quando diz isso, tio Joe, tenho a sensação de que está me fazendo algum tipo de favor, ou que está me pregando alguma peça."

"As duas coisas, José. Você sabe, como seu anjo da guarda oficial, salvei a sua vida em mais de uma ocasião. Aquela vez em que impedi que caísse debaixo do trem do metrô quando estava inteiramente embriagado, você de certo modo percebeu que eu estava por perto. Contudo, se eu apenas estivesse lhe fazendo um favor, isso poderia torná-lo arrogante. É por isso que eu também invento algumas brincadeiras para quebrar a rotina da sua vida. Como naquelas duas vezes em que perdeu o emprego. . . Hi, hi, hi!"

Mais calmo, procurei apreciar melhor o cenário espetacular, se é que se pode dizer assim, através do qual voávamos. Grandes discos de fogo, como flocos de neve, sopravam através de um túnel de paredes de membranas brilhantes. Velejamos sobre algumas camadas de objetos luminosos com forma de águas-vivas que emitiam raios rotativos de luz. Num ponto, um objeto gigantesco em forma de rosca, que amparava um ancoradouro maciço circular de luz, surgiu à vista. Tinha pontos de ancoradouro para dúzias, ou mesmo para centenas daqueles objetos que se assemelhavam a águas-vivas.

Percebendo minha curiosidade, tio Joe gritou através do som constante e intenso, uma espécie de 'Whoosh' causado pelo *surf* eletromagnético de Kuxan Suum. "Essa é AA Midway Station, meu caro. Seus créditos de sonho quase que não são suficientes para você chegar até Layf-Tet-Tzun, mas vou fazê-lo chegar até lá através das mesas do monitor. Dessa maneira, não perturbaremos nenhum dos encontros que estão ocorrendo lá."

À medida que nos aproximávamos da fabulosa AA Midway Station, pude perceber uma outra forma vertical luminosa, também em forma de rosca, em intersecção com a forma horizontal mais visível, com seu porto de luz e seus ancoradouros. A forma vertical estava cintilando com todo tipo de pequenas luzes que se moviam rapidamente sem nenhum padrão aparente. Parecia que estávamos nos dirigindo para a forma vertical.

"Segure-se firme agora! Estamos exatamente a ponto de passar através dela, meu caro", tio Joe gritou à medida que entrávamos numa pequena cavidade de luz em direção ao topo da forma maciça.

Por dentro, a forma de luz era espetacular: uma fileira semicircular do que pareciam ser filas e filas de telas de TV, cada uma exibindo uma cena diferente. Mas que cenas! Estranhas paisagens coloridas, visões microscópicas de células de fogo, cidades de cristal, tornados de pó rodopiantes, verdes, colônias estelares subaquáticas. Era impressionante, e parecia interminável. E, de repente, desapareceu. Passamos através de outra portinhola de luz e rapidamente estávamos velejando o Kuxan-Suum através do éter eletromagnético.

"Desculpe por não podermos parar, José. Mas isso lhe dá uma noção. Há uma porção de coisas acontecendo nesta galáxia, uma porção de material que seus amigos cientistas podem conhecer e que deveriam conhecer, se ao menos aceitassem outra vez a realidade de outras dimensões. Naturalmente, isso mudaria o seu. . . Uau!" Tio Joe interrompeu a sentença pelo meio e tive a impressão de que estava diminuindo a velocidade. Diante de nós havia um globo gigantesco de luz incandescente. "*Alcíone, o Sol Central*!", tio Joe gritou, triunfante.

Devido à nossa velocidade, o globo cresceu rapidamente de tamanho até que só havia ele. O calor devia ser intenso, mas eu nada sentia. Passamos através de várias camadas de substância incandescente e então chegamos ao que parecia ser um enorme domo transparente. Na direção do fundo dessa cúpula havia uma grande entrada circular. Passando através dela, encontramos algo que se parecia com uma escada rolante em espiral. Ela subia e, ao mesmo tempo, descia. Ao longo do caminho havia painéis hexagonais transparentes com figuras geométricas luminosas e flutuantes dispostas de vários modos. Parecia que estavam emitindo alguma espécie de código.

Em seguida, o objeto que se assemelhava a uma escada rolante em espiral chegou ao fim. Outra entrada circular nos esperava. Tio Joe Zuvuya se deteve. Pude senti-lo endireitar-se, como se estivesse para se encontrar com 'O Patrão'. Puxando seu casaco para baixo e passando as mãos pelo feixe de cabelos que parecia uma plumagem, tio Joe atravessou a porta circular. Dentro, era magnífico. Fazia lembrar um pouco o que vimos no centro da Terra, só que este lugar era muito mais majestoso. Paredes gigantescas de formas cristalinas incandescentes erguiam-se em toda a volta até a abóbada central. No entanto, essas formas cristalinas estavam dispostas de tal modo que também se pareciam com uma mobília, com toda sorte de pequenos lugares para se sentar e descansar. Entretanto, também não eram nada disto, visto que não havia ali nada que fosse sólido. Pareciam-se mais com hologramas que você podia ouvir e cheirar, bem como ver.

No meio de todo esse esplendor, outra escadaria levava a um nível interior. Na medida em que subíamos por essa escadaria, pude ver um gigantesco painel de controle semicircular, como aquele que existe para gravações em gravadoras ou em estúdios de TV. Raios de luz multicolorida brilhavam e se irradiavam em todas as direções. Essas luzes se assemelhavam a lasers de neon, riscando o firmamento em raios intermitentes quase como sinais ou formas codificadas. As cores eram fortes – mais intensas do que as cores primárias vermelho e verde; eram turquesa e magenta – pastéis elétricos. Algumas vezes as luzes criavam grandes chuveiros e depois se espalhavam em todas as direções. Nunca vi nada parecido antes. A coisa mais incomum era que tudo parecia tão. . .

inteligente. . . tão intencional. . . como se se tratasse de algum tipo de linguagem, embora aleatória.

De repente, tornei-me consciente de uma forma luminosa tão transparente que era quase invisível. Lentamente, essa forma virou-se na nossa direção. Tio Joe fez uma pequena reverência e, em seguida, saudou-a da mesma forma com que me saudara quando o vi pela primeira vez: braço esquerdo para cima, braço direito para baixo, palmas das mãos voltadas para fora.

A forma etérica luminosa era ao mesmo tempo como uma água-viva, embora se parecesse também com um mineral. Seu formato assemelhava-se ao de um sino, afinando-se mais para o alto. Na direção do topo, que presumi ser a cabeça, havia três barras horizontais – a única coisa distinguível naquele corpo etérico.

"Saudações!" A voz vinha diretamente de dentro do lugar onde eu me encontrava. "Sou muito velho. E sou o único remanescente. O Layf-Tet-Tzun que vê aqui logo terá de partir." A voz ecoou pelo recinto, mas continuou com grande dignidade. Parecia ser uma voz antiga, cansada, quase distraída. "Antes eu era muitos, mas agora somos um. E agora muitos terão de vir para substituir este um. Já está se tornando demasiado extenuante para mim e para meu ajudante projetado monitorar todos os raios. Eu, Layf-Tet-Tzun, o Guardião do Sol Central Alcíone, também chamado Lamat, estou pronto para as dimensões mais elevadas de luz. Portanto, por favor, leve adiante o meu projeto! Deixe que aqueles que mergulham na Terra estejam prontos para substituir este velho. Se tudo correr bem, enviarei meu emissário para inspecionar e dar novas instruções. Mas agora preciso voltar. . . para o meu trabalho."

A voz tornou-se mais fraca e partiu-se em estalidos sucessivos. A forma antiga e luminosa virou-se e posicionou-se no centro do imenso painel de controle. Então, como se proviesse do centro do corpo luminoso de Layf-Tet-Tzun, de repente outro corpo menor surgiu no foco da nossa visão. Tal como o corpo de Layf-Tet-Tzun, este também tinha a forma de sino. Parecia ter mais substância, e uma cabeça mais delineada que se assemelhava à forma de abóbora-moranga de onde uma pequena forma semelhante à de um cristal emitia um raio de cores cambiantes que atingiam o painel de controle em diferentes locais. Ao fazer isso, uma música impressionante fez-se ouvir e preencheu o espaço com tons ressonantes majestosos, um ecoando e formando o outro.

Impressionado com o espetáculo, sussurrei ao tio Joe: "Aquele carinha ali é o ajudante projetado de Layf-Tet-Tzun e o seu emissário?"

"Sim, é", foi a resposta de tio Joe. "O velho LT está na quinta dimensão. O ajudante, LT Júnior, é tudo o que LT deixou para a quarta dimensão. Isto explica por que LT está esperando que os atlantes se graduem e venham até aqui em seus corpos luminosos de quarta dimensão e inaugurem uma nova ronda evolutiva. Desta forma, LT também poderá graduar-se."

À medida que tio Joe falava, esforcei-me para ver melhor o seu ajudante, LT Júnior. Então, como se captasse minha onda de pensamento, o emissário-ajudante virou-se para nós. Uma cabeça pequena, redonda, embora ligeiramente oblonga, estava fincada no alto de um corpo transparente em forma de sino esvoaçante – ou de água-viva. Não havia braços nem pernas; a parte de baixo do seu corpo parecia estar em chamas, como se sua roupa tivesse se incendiado, mas as chamas mantinham-se na mesma posição.

Voltei outra vez minha atenção para a cabeça. Ela dava a impressão de ser tão simples e antiga. Duas orelhas muito grandes, uma de cada lado, terminavam em pequenas pontas iguais às dos elfos. O único traço na parte dianteira dessa cabeça era uma fenda longa, semelhante a uma boca. Dentro da fenda bucal havia o que pareciam ser instrumentos sensórios luminosos. No alto da cabeça havia um padrão diamantino, em cujo centro havia um instrumento de cristal orgânico que emitia raios que atingiam o painel de controle.

Acenando para nós, LT Júnior voltou para o trabalho. Os painéis brilhavam com raios multicoloridos. Os sons alcançaram novos crescendos. Então, subitamente, tudo desapareceu.

Voltamos rapidamente através do *surf* eletromagnético. Ficando tonto na medida em que girávamos em espiral através das intermináveis membranas de luz, a última coisa de que me recordo ter ouvido tio Joe dizer foi: "Está bem, José, você está por sua conta. Usou seus últimos créditos de sonho, por enquanto. É tempo de 'espiralar' você de volta para aquele bebê adormecido que você chama de corpo."

À medida que tio Joe guiava gentilmente minha energia consciente de volta para onde o meu corpo estava dormindo, senti que entendia o significado dos créditos de sonho, juntamente com o mais profundo sentimento de amor e carinho vindos de tio Joe.

"É isso aí, meu caro", a voz de tio Joe ecoou de dentro do sonho que meu corpo estava tendo agora, "os créditos de sonho. Eles são os brindes que você ganha por deixar que seu duplo dimensional dirija a interferência por você!" De algum modo, isto me pareceu terrivelmente engraçado e, numa explosão de risos ondulantes, pude ver tio Joe ziguezagueando através de um vórtice, os braços naquela pose maia que usara da primeira vez em que o vi, deixando atrás de si um rastro de calma e de serenidade, como o oceano no momento do nascimento do Sol, antes de ser varrido pelas ondulantes correntes do primeiro vento do dia.

— Isso aí, meu caro — a voz de Ed Tos ecoou de dentro do sonho que meu corpo estava tendo agora. "Os créditos de sonhos: eles são os ganchos que você pode usar para deixar que seu duplo dimensional [illegible] interferências por você." De alguma forma, isto me parecia [illegible]mente [illegible], numa explosão de risos [illegible], que vi tudo que há [illegible] através de uma vórtice, os braços na areia [illegible] mais que [illegible] da primeira vez, [illegible] que o [illegible] atrás de si um rastro de [illegible] e de [illegible] como o oceano, o [illegible] do nascimento do Sol, antes de ser narrado pelas ondulações [illegible] do primeiro vinte mil dias.

7
O ZEN DA PURA FORMA DE ONDA

Com os pés no chão. De volta à Terra. Certamente, eu me sentia bem por me reajustar à realidade, depois dessa viagem cosmicamente criadora e transformadora da mente! Depois dela, tio Joe não apareceu mais com tanta freqüência. Contudo, eu sabia onde ele estava. Estava em Arcturus-Antares Midway Station freqüentando mais um dos seus encontros de pós-graduação em doze etapas.

"Fazer uma limpeza faz bem para todos, em todos os níveis e dimensões, meu caro", tio Joe murmurou em certo ponto. "Você tem bastante o que fazer e em que pensar por enquanto no que se refere aos Terráqueos Anônimos, à Associação para o Aperfeiçoamento do Lar e ao mergulho na Terra. Quando nos encontrarmos outra vez estaremos bem limpinhos!"

Por que eu deveria me queixar pelo fato de tio Joe me abandonar? O afastamento era apenas temporário. E, como tio Joe dissera, eu tinha sorte. Além disso, há muito havia aprendido que depois da visão vem o trabalho duro. O que eu tinha de fazer agora era aquietar-me na minha forma de onda e dar uma nova vista de olhos em todo esse assunto sobre os maias.

Estacionando meu corpo ao lado do canal central, entrei em meditação, ou em sintonia vertical, como tio Joe a chama. Era tempo de deixar que a força do amor que estava percorrendo as oitavas verticais congregasse todas as minhas partes soltas; era tempo de obter meu alinhamento com a velocidade do tio Joe. Eu podia ouvi-lo dizer: "Radical, você tem de ser radical; tem de voltar às raízes, às suas raízes." Portanto, minha mente fez uma viagem retrospectiva. . .

Você sabe, eu costumava pensar que comecei toda essa aventura maia aos quatorze anos de idade, um rapaz mexicano-americano procurando pelas suas raízes. Com catorze anos, escalei as pirâmides do lado de fora da cidade do México e estas me causaram um grande impacto. Logo depois disto, aprendi algo sobre o calendário e o mistério dos maias. Sabia que havia algo mais quanto a esse calendário, o módulo de 260 unidades chamado Tzolkin. Portanto, pressionei-me contra ele, ou, tal como um selo na cera, ele imprimiu-se em mim. Li sobre ele, pensei nele e sonhei com ele. Até mesmo o desenhei e pintei. Estudei as profecias relacionadas com ele, e li o que restara dos antigos textos. Fiz várias viagens de ida e volta até o Yucatán.

Certo dia, há poucos anos atrás, à medida que me preparava para a Convergência Harmônica, tive a seguinte intuição: eu conhecia aquele material desde muito antes de nascer. Vi que a resposta para o mistério maia teria de ser encontrada lá fora, na galáxia; era como se eu tivesse caído de pernas para o ar e tivesse pegado fogo. Despejei todo o meu conhecimento e toda a minha intuição no livro *O Fator Maia*. Como meu tio Joe Zuvuya comprovará, eu havia mergulhado no infinito, mesmo que a única razão fosse a de sair de lá com a expressão "Convergência Harmônica".

Mas se eu havia mergulhado no infinito, então o infinito também havia mergulhado em mim. E, desde que, geneticamente, não sou diferente das outras pessoas, será que todas as outras pessoas não teriam também tido esse conhecimento por muito mais tempo do que o que consta em suas certidões de nascimento?

Estar mergulhado no infinito nada mais é do que acordar para o fato de que a sua memória – o seu banco de dados, o seu programa genético inclusive – esteve operando por muito tempo antes de você ter um nome. Por exemplo, você precisa ter um pensamento sobre o microchip antes de poder criar um. E, naturalmente, a informação que um microchip específico contém, que é semelhante ao corpo que você tem agora, também já existe antes que o microchip seja feito. É como tio Joe diz: há um modelo elétrico e cósmico, ou um código do qual tudo provém – você, eu, o computador, o planeta, o Sol e a galáxia. A contribuição maia para tudo isto, eu descobri, foi o Tzolkin, ou seja, o plano para o "microchip-mestre", e o banco de dados, o índice e o coeficiente interdimensionais.

Existe na Física uma tabela periódica dos elementos, que é uma lista de todos os elementos, do hidrogênio ao urânio, incluindo todos os elementos raros e seus pesos atômicos e o número de seus isótopos. Essa é uma informação técnica; todavia é muito útil se quisermos entender e criar e recriar o plano físico, a terceira dimensão.

Bem, o Tzolkin assemelha-se a essa tabela periódica, exceto pelo fato de ser uma tabela periódica de freqüências galácticas interdimensionais. Assim como há 144 elementos em uma, existem 260 freqüências galácticas na outra. E tal como a tabela periódica dos elementos nos leva através da terceira dimensão, o Tzolkin nos permite jogar *handball* interdimensional – ao mesmo tempo que pegamos uma onda, nada menos que isso!

O Tzolkin é como o microchip central. Ele é a constante galáctica de 260 unidades. Como constante galáctica, o Tzolkin é o código do plano cósmico elétrico. Esse código permite o desenho de qualquer tipo de forma de onda, em qualquer dimensão. E, pelo fato de ser modular, o Tzolkin é a medida ou o indicador da forma de onda – minha forma de onda, a sua forma de onda ou qualquer forma de onda. Ele atua como um código de construção. Se a forma de onda não estiver no ponto, ela não se sintoniza. E se não se sintonizar, então não vai a parte alguma. Como tio Joe diz, ela nem sequer consegue dar a partida para o presente – o que é pior do que ter um pneu vazio antes de você ligar a ignição.

A sua forma de onda é a soma total dos seus programas, do seu programa genético, bem como da sua freqüência vibratória eletromagnética. Você sabe que é eletromagnético, por exemplo, quando tem aquelas "pulsações sexuais". Seja como for, a sua forma de onda é a sua única freqüência vibratória própria. É isso que os Escoteiros Galácticos dizem: "Conheça a sua vibração; pela minha vibração você me conhecerá e pela vibração das pessoas você as conhecerá."

A verdade é que, bem no íntimo, todos *conhecem* suas vibrações e sabem com o que vibram. E como todos sabem também, temos de continuar sentindo essas boas vibrações.

Pela sua natureza, uma vibração é uma onda de freqüência. Sua onda de freqüência é uma forma, porque qualquer freqüência que vibre durante certa quantidade de tempo pode ser mapeada. Pode ser desenhada num gráfico. O mapeamento de qualquer freqüência é a sua forma. Na verdade, todas as formas geométricas são mapeamentos de diferentes freqüências. Um círculo é um padrão de freqüência, um quadrado é outro, e um hexágono é outro.

Quando você se encontra com alguém, suas formas de onda se mesclam ou não. Ou pode acontecer de elas apenas se neutralizarem respectivamente. Portanto, não se trata apenas de química. A química é somente o "resultado visível" que acontece assim que as formas de onda se registram mutuamente.

Isso quer dizer que, mesmo que cada forma de onda individual seja ligeiramente diferente de cada uma das outras formas de onda, há um denominador comum, um modelo de forma de onda que está codificado pelo Tzolkin, a constante galáctica.

Como uma constante galáctica, o Tzolkin codifica freqüências de luz, freqüências cristalinas e freqüências genéticas. Freqüências de luz são padrões eletromagnéticos de energia; as freqüências cristalinas descrevem os elementos e as formas da matéria; as freqüências genéticas se referem a padrões da vida orgânica. Naturalmente, todas essas freqüências estão interligadas. Vejamos os humanos, por exemplo. Tão belos quanto pensam que são, sua beleza é na verdade o resultado de uma combinação particular de 64 códons de DNA. Esses códons são as "palavras-código" dos aminoácidos do código genético. Essas pequenas estruturas de seis partes se juntam para criar os padrões de dupla hélice torcida que associamos ao DNA. Esses padrões, com suas combinações específicas, contêm a informação que traduz o que *pensamos* ser a nossa beleza física. Certa vez, tio Joe me disse: "Se vocês humanos parassem de assumir o crédito pela própria beleza, então essa beleza de fato brilharia!"

Naturalmente, diz-se que o código DNA tem sua própria natureza vibratória. Os nossos genes vibram. Portanto, quaisquer que sejam as nossas combinações genéticas particulares, elas determinam as nossas formas de onda. No entanto, apesar das aparentes diferenças e de nossas imperfeições, cada um de nós é feito do mesmo material. Cada um de nós contém o mesmo código que descreve o padrão de todas as outras formas de onda.

Os maias dizem: "*In Lake'ch*", "Eu sou outro você." Nós todos somos o mesmo ser humano. Em e através de mim mesmo conheço você e você me conhece. Essa parece ser uma boa razão para sermos tolerantes e compassivos, não é verdade?

Cada ser humano é a sua forma de onda única, mas também toda a humanidade é uma única forma de onda. Podemos pensar na humanidade como uma onda que está se movendo e crescendo no tempo. E, naturalmente, a Terra é a sua própria forma de onda, tal como o Sol e o sistema solar são suas próprias formas de onda, e a galáxia propriamente dita também é uma enorme forma de onda de cristal que abrange e recapitula todas as formas de onda menores. Ondas dentro de ondas. Ondas criando ondas. Tudo em movimento dentro do oceano galáctico!

Sim, o oceano galáctico! Você já se deteve para pensar sobre ele? Raios emitindo gotas cintilantes prismáticas de jatos eletromagnéticos, sistemas solares, planetas, formações minerais ofuscantes em cor e formato, e as formas de vida – ondas inumeráveis, contorcendo-se e girando no seu caminho através da geometria do tempo, preenchendo todo o espaço possível com construções engenhosas, formas-pensamento, comprimentos de onda – procurando e surfando seu caminho de volta, ao longo do Zuvuya, até a fonte original. . .

Ora, se todas essas formas de onda são reguladas pela constante galáctica interdimensional, o Tzolkin, isso significa que a sua própria forma de onda é, em última análise, o eco da forma de onda galáctica. Porém, um eco – não seria ele o mesmo que uma memória?

Zingggg! Esse som agudo que você acabou de ouvir – acaso foi um eco? Uma onda de memória das estrelas? Quem você é de fato? Ou ainda melhor: *o que é* você? Onde você começa e onde termina? Se o seu corpo, incluindo a sua forma de onda, é uma memória galáctica, quem é você de qualquer maneira? E se a sua forma de onda única é um eco distante da forma de onda galáctica, quem sabe que lembranças você de fato armazenou nesse pacote de freqüência de alta densidade que chama de você mesmo?

E então existe esse raio galáctico – qual é o seu papel em tudo isto? Como ele ajuda a formar a sua forma de onda?

O raio de aceleração-sincronização que os maias vieram medir aqui é regulado pela constante galáctica, o Tzolkin. Isso significa que os ciclos e padrões de freqüência diferentes do raio podem ser medidos ou modulados por diferentes coeficientes do Tzolkin de 260 unidades interdimensionais. Isso também significa que todas as formas de onda afetadas pelo raio, inclusive as do seu cachorro e as do seu gato, são reguladas pelo Tzolkin. Como uma tapeçaria cósmica tecendo-se a si mesma através das suas experiências dos sentidos, o raio dá textura às suas formas de onda com padrões do Tzolkin!

Um som que percorra uma grande distância só pode ser captado por um receptor que é feito para acomodá-lo. Formas de onda são as receptoras que captam o "som" do raio. O raio regula as freqüências de tal modo que diferentes formas de onda respondem em seus próprios e únicos modos e, ao mesmo tempo, em seus próprios caminhos absolutamente cósmicos. É isso que permite que o seu gato e você tenham esses momentos místicos de confiança total, de tranqüilidade e de atemporalidade.

Isso também significa que o DNA do qual somos criados está por alguma razão divina ajustado às freqüências do raio. A tapeçaria cósmica continua a tecer-se e a ser tecida por todos nós. Segundo tio Joe, nosso conhecimento do raio irá fazer "Jornada nas Estrelas" parecer um brinquedo de criança na ocasião em que tivermos sintonizado nossos canais verticais no "raio do sonho de 2012".

Ora, intimamente relacionado com a idéia da forma de onda está o conceito do holograma. Um holograma é a estrutura de uma forma de onda reproduzida tridimensionalmente durante qualquer instante do tempo. Por exemplo: você provavelmente lembra de onde você estava exatamente quando ouviu falar sobre a explosão do *Challenger*. Em seguida, na televisão, o holograma do momento foi recriado repetidas vezes.

Se de fato pudéssemos sair de nossos crânios relativamente grossos e nos vermos como correntes no tempo, veríamos que cada um de nós é uma contínua forma de onda. Como na fita magnética de um filme, essa forma de onda pode ser quebrada em diferentes quadros. Em qualquer instante, cada quadro mostraria que esta forma de onda é baseada num único holograma – eu mesmo, ou o que penso que sou, ou você, ou o que você imagina ser.

"Ei, José!", tio Joe entrou deslizando no fragmento de um vórtice. "Quanto mais depressa você for saltando através desses hologramas mais depressa eles o alcançarão! Pense nisso. Hi, hi, hi!" O velho tio não consegue deixar-me sozinho.

O importante disto tudo é que todos nós estamos sempre recriando o nosso holograma. Na verdade, não podemos evitá-lo. Seja como for, é tudo o que podemos fazer. Portanto, bem que poderíamos relaxar e ser o que somos! Afinal, com quem e com o que estamos competindo? Não podemos correr mais depressa do que nosso próprio holograma. Então, precisamos nos acalmar e relaxar no ser que sempre temos sido. Deste modo, podemos obter mais lucro com o nosso circuito Zuvuya.

Está bem, voltemos ao Zuvuya. Se perguntarmos o que é que dá continuidade às nossas formas de onda, e quisermos saber o que é que une nossos diferentes hologramas através do tempo a fim de criar nossas atuais formas de ondas, trata-se do circuito do Zuvuya. Lembre-se de que o Zuvuya é o nosso canal direto da memória. Porém, neste sentido, memória não significa apenas recordar o que estávamos fazendo na primeira vez em que ouvimos nossas canções prediletas. No circuito Zuvuya, memória é a soma das recordações de cada uma de nossas formas de onda únicas, passadas *e* futuras, bem como da forma de onda galáctica total da qual cada um de nós é a imagem refletida de um microchip.

A chave, é claro, para usar ou sintonizar o Zuvuya é ter uma forma de onda limpa. Ahá! Então é aí que está o desafio! Forma de onda limpa: não mais velhas limitações ou apegos, nada de temores relativos à vida passada, nada de ataques de egoísmo, nada de competição, de controle, de separatividade – todo o arsenal de armadilhas eliminado por uma forma de onda pura! Como você vê, todo este falatório sobre formas de onda não é só para dar-lhe alguma coisa nova em que pensar. E não invalida o que já sabemos sobre a nossa anatomia física. Serve para mostrar-nos que somos mais do que pensamos ser. Ou, para ser mais exato, mostra-nos que somos mais do que pensamos que o nosso corpo tridimensional nos obriga a ser.

Ser *mais* do que somos significa que tanto somos uma forma de onda eletromagnética *como também* um reflexo ou recordação da forma de onda galáctica interdimensional. Em outras palavras, somos nós mesmos e ao mesmo tempo somos um campo cósmico andante de memória. Como essa viagem nas estrelas é deliciosa!

Portanto, ter uma forma de onda limpa é saber como tirar o melhor partido desta situação. É importante saber disso, caso queiramos participar de fato dos Terráqueos Anônimos. Está certo, voltamos outra vez aos Terráqueos Anônimos, ou TA. Isto também nos leva à parte

Zen. Correto: o Zen. Do Zen ao Zuvuya – esta é uma parte importante do manual de treinamento dos Escoteiros Galácticos.

A parte Zen constitui em saber como limpar e cuidar da nossa forma de onda. Mas para fazer isso primeiro temos de reconhecer que há algo a limpar. E para ver isto, temos de ser honestos conosco mesmos: temos de ser capazes de fazer um inventário moral sem receio. Temos de nos ver como seres *limpos*.

Essa é a parte mais direta e prática, é o Zen de tudo. Sim, o Zen. Não se trata de nada exótico. Trata-se apenas da arte de ser o que somos no agora, e de todos os truques necessários para fazer isso. Segundo o Zen, se soubermos como nos sintonizar com o presente em todas as ocasiões, estaremos nos mantendo limpos e bons!

"Ei, meu caro!" – ei-lo de volta, o velho tio.

"Pensei que esta meditação fosse minha, tio Joe!"

"Sua meditação? Humpf! Pensei que houvesse apenas uma única meditação, a grande onda, o Zuvuya com o qual se está sintonizado, e agora você a está chamando de *sua* meditação?"

Envergonhado, respondi: "Obrigado, tio Joe. Pegou-me na hora em que já estava começando a achar que eu ia esquentar. Mas o que estava para dizer?"

"Esse assunto sobre o agora. Isso é ótimo; é o único caminho para ficar no seu holograma e canalizar o raio, se é que entende o que quero dizer. De qualquer maneira, meu caro, eu estava apenas para dizer que a melhor coisa em relação a estar sintonizado no agora é que se continua ingênuo – sabe? – fresco, inocente como um bebê. Este é o melhor meio de pegar um circuito Zuvuya sem perigo de distorcê-lo! Mas volte e diga-lhes o que estava para contar-lhes, e verei se posso manter meus amorosos lábios Zuvuya fechados!"

Muito bem, tio Joe. Vou voltar à meditação! Sem esta parte do Zen, a nossa espiritualidade – não importa de que tipo seja – não quer dizer ficar sentado de pernas cruzadas. Como tio Joe vive dizendo, e eu sei que ele pegou isso do John Lennon, "é hora da limpeza". Portanto, vamos pegar nossas vassouras eletromagnéticas e eliminar aqueles padrões de vida e formas de onda que estão funcionando mal, que estão atravancando o caminho. O planeta está contando conosco, você sabe disso! O planeta está gritando: "Ei, humanos! Venham fazer a limpeza ou vocês serão varridos!"

É óbvio que agora temos problemas por aqui, cada um de nós, todos nós. É bonito e artístico descrever formas de onda, e como elas se mesclam ou não se mesclam umas com as outras, mas como é que essa idéia de forma de onda explica que cada um de nós tenha problemas e que o planeta tenha um megaproblema: nós? E como faremos para limpar nossos atos tão eficazmente quanto possível e ainda assim estarmos, ao mesmo tempo, limpando o planeta?

Vou dizer como isso tem funcionado comigo. Penso em algo que fiz e que me dá frustração. Em seguida, vejo que já o fiz antes, uma porção de vezes. Parece ser uma coisinha à-toa, mas o que me intriga no caso é quantas vezes fiz a mesma coisa. Por quê? Por que ela se repete? Por que se tornou um padrão? Algumas vezes é fácil isolar um desses padrões porque se torna um vício, como beber, fumar maconha ou cheirar cocaína. Quando se faz essas coisas todos os dias, durante todo o tempo, é óbvio: temos um problema.

Há uma porção de problemas que são menos evidentes, como quando somos sempre aquele que lava os pratos e ficamos secretamente ressentidos conosco mesmos e com os outros devido à situação. Ou aquele caso em que, toda vez que alguém nos faz um elogio, nós o negamos, para depois, secretamente, nos torturarmos, imaginando se somos de fato bonitos ou não, ou pensando no que as pessoas realmente pensam de nós.

O.k. Agora, do ponto de vista das formas de onda, o que está acontecendo aqui é que incorremos na *estática*. De fato, a sua forma de onda, a minha forma de onda e a forma de onda de todos têm uma feia estática aderida a elas. E, visto que a forma de onda é eletromagnética, essa estática persistente causa um curto-circuito no canal direto da memória do Zuvuya, impedindo a transmissão de boas notícias que são realmente necessárias para essas situações em que estamos nos frustrando. Curto-circuito significa exatamente isto: um minúsculo circuito de gravação em cuja construção se inclui um redutor de memória, programado de tal modo que ele retrocede e fica tocando a mesma coisa. . . outra vez. . . e outra vez. . . e outra vez. Ao reduzir nossas memórias, reduzimo-nos a estados de ser limitados, claustrofóbicos.

O primeiro passo para limpar a sua forma de onda é conhecer a sua forma de onda pessoal. E conhecer a forma de onda pessoal é conhecer a estática que a acompanha. Essa estática é uma vibração negativa que constantemente atrai uma situação negativa de igual freqüência, e, depois, deixa atrás de si seus traços. Estes pequenos fios eletromagnéticos ou filamentos que deixamos para trás são exatamente o motivo pelo qual temos de nos limpar. Eles são feios! Se não nos alcançam enquanto estamos vivos, por certo vão estar à nossa espera quando morrermos. Enquanto negarmos que é isto o que está acontecendo, continuará a acontecer. Podemos racionalizar essas situações negativas estaticamente atraídas, de qualquer forma que quisermos. Por exemplo: "Oh, trata-se do carma de minha vida passada; não há nada que eu possa fazer." É o que em geral acontece. Tolice!

Agora, se olharmos cuidadosamente para este curto-circuito negativo, estático, notaremos umas poucas coisas. Primeiro, como um curto-circuito, ele é estranhamente periódico. Segundo, ele é um disfarce. Não estamos enfrentando algo. Temos todos os tipos de defesas ao redor desse bloqueio estático. O que ele estará acobertando? O que estamos ocultando?

O que estamos escondendo é uma de nossas imperfeições. Digamos que não devemos mesmo beber. E daí? Ao negarmos a nossa alergia ao álcool, não só bebemos, mas inventamos todo tipo de desculpas e racionalizações por estarmos agindo assim. E, na verdade, acabamos por acreditar em todo esse material que ficamos contando para nós mesmos. É aí que estamos de fato com um problema.

Portanto, podemos ver que essa defesa e negação são os aliados daquela feia estática negativa que está presa às nossas formas de onda. O que temos de lembrar é que, ao negar nossas imperfeições, estamos em falta com a nossa integridade. Ao confundirmos nossa integridade, estamos impedindo que as nossas formas de onda se sintonizem consigo mesmas *e* com os padrões de memória planetária, solar e galáctica. Também estamos nos fechando aos nossos duplos dimensionais e impedindo que nos tornemos surfistas do Zuvuya. Veja os benefícios que estamos perdendo. Por que fazer isto? É de fato um atraso!

Lembre-se de que são as nossas imperfeições que criam as nossas formas únicas de onda. Quando aceitamos nossas imperfeições, estamos na nossa forma de onda. Nossas formas de onda estão funcionando pura e limpamente. Quando nossas formas de onda são puras e limpas, repetidamente elas magnetizam exatamente o que precisamos, nada mais e nada menos. Isto significa que estamos na integridade. E quando estamos na nossa integridade, nossas formas de onda se tornam radiantes, bem como também os nossos corpos e as nossas auras. Quando nossas formas de onda estão radiantes, elas atraem alegrias cósmicas. Não vamos fugir disso, vamos?

A chave para nos mantermos na nossa integridade é *identificarmo-nos* com a nossa própria forma de onda. Isso significa aceitar-nos e amar-nos completamente. Se nos aceitarmos e nos amarmos completamente, não ocultaremos nem negaremos as nossas imperfeições. Pelo fato de não negarmos ou ocultarmos nossas imperfeições, assumimos inteira responsabilidade por quem somos e como somos. Pelo fato de aceitarmos a inteira responsabilidade por quem e como somos, não desperdiçaremos o nosso poder. Não desperdiçando o nosso poder, não criaremos estática negativa que persista.

Essa estática negativa e adesiva é como um bloqueio eletromagnético ou um modo negativo de atração. A única razão para isso estar localizado onde está se deve ao fato de corresponder ao lugar onde desperdiçamos nosso poder. – Aqueles resíduos eletromagnéticos, ou "a meleca astral", como tio Joe os chama, e que deixamos na esteira de nossa perda de poder. Esse bloqueio está cercado por fortes defesas e mecanismos de negação, e é o tique emocional que fica recriando o padrão de não nos amarmos a nós mesmos. Não é nada divertido!

O outro lado do bloqueio é a projeção da nossa falta de poder. Essa projeção da nossa falta de poder, o modo negativo de atração pode ser nossos pais. Pode ser uma droga. Pode ser uma idéia, uma ideologia, uma crença religiosa ou a situação do mundo. Seja lá o que for, a projeção da nossa falta de poder não está na nossa forma de onda nem pertence a ela. Mas tem o mesmo formato da área de estática em nossas formas de onda. É como que um ponto cego, ou um ponto vulnerável que nos faz tomar a defensiva cada vez que somos lembrados de que ele existe.

Esses enfraquecedores pontos vulneráveis são o que nos torna fundamentalistas, a todos nós. Os fundamentalistas preferem identificar-se com o poder dado a uma autoridade exterior e agir de acordo com ele a fincar pé na sua própria verdade. Quando pressionado, um fundamentalista dependerá do poder exterior para fazer tudo que pode a fim de evitar a verdade. Se você ainda não entendeu, o que estamos falando aqui diz respeito a questões de controle. Controle é a ação policial de quem está destituído de poder.

Tomar de volta o nosso poder, assumir a nossa própria verdade, aceitar completamente a responsabilidade por nós mesmos e pelos nossos atos, identificarmos com nossas formas de onda – essas ações são essenciais se quisermos participar dos Terráqueos Anônimos. E, a menos que participemos dos Terráqueos Anônimos, iremos ter um tempo infernal empreendendo a Campanha em favor da Terra.

O Zen da forma de onda limpa começa imediatamente, assim que admitimos que temos problemas. Se examinarmos e vermos com honestidade quais são esses problemas, diremos: "Como iremos fazer essa limpeza? Como nos livraremos dos bloqueios eletromagnéticos negativos, da estática adesiva, que está tornando nossas formas de onda tão repugnantes?"

"Detergentes harmônicos, José", tio Joe interferiu outra vez. "Eu lhe disse que vocês precisam de detergentes harmônicos para se livrarem dessa feia estática adesiva e dessa formação amarela cerosa! Então vocês estarão cantando: 'Nada mais de estática. . .' "

"Tio Joe!", chamei em vão. Mais rápido do que um piscar de olhos, tio Joe viera e se fora. Devia estar surfando numa onda muito veloz. O.k., voltemos ao Zen.

No Zen da forma de onda limpa, existem algumas técnicas que se assemelham a flanelas de polimento para nossas formas de onda eletromagnéticas. A primeira coisa que se tem de fazer é sentar-se quieto com as nossas formas de onda, ou seja, com a totalidade do nosso Ser – hábitos, contrações, aparência física, talentos, níveis de energia, verrugas, toda a nossa parte mais material. Em segundo lugar, há a auto-estima e a completa auto-aceitação. Em terceiro lugar, há o autofortalecimento, o ato de readquirir nosso poder – de readquirir toda a energia que andamos desperdiçando duvidando de nós mesmos e odiando a nós mesmos.

Usar a primeira flanela de limpeza, sentar-se quieto com nossas formas de onda tanto é muito simples como muito difícil. Você apenas fica sentado, sem lugar algum para onde ir, sem nada para fazer. Mantenha as costas bem eretas e os olhos abertos. Pode sentar-se numa almofada no chão ou, então, numa cadeira ou ainda pode sentar-se ao ar livre, no solo. O principal é que apenas se sente e se concentre, sem preocupações, no silêncio – o grande receptor. Se precisar se concentrar em alguma coisa, concentre-se na sua exalação na medida em que esta se dissolve no espaço. Nada há de especial nisto. O importante é familiarizar-se com os seus bloqueios, com os seus curtos-circuitos.

Para fazer isto, comecei com quinze minutos chegando à meia hora por dia. Qualquer que seja o tempo que despender com isso notará que há certos temas muito persistentes. E tomará consciência do seu ego. Com certeza, passei a ver o meu ego e o mesmo fez tio Joe!

O seu ego é o camarada que não quer desapegar-se. O trabalho do ego é manter os bloqueios estáticos. Ele é o controlador. É o secretário da defesa. E é a inteligência central da CIA de todos os mecanismos de negação. Portanto, a importância de sentar-se quieto com a sua forma de onda diz respeito a tornar-se familiarizado com o ego. Mas a situação tem seus riscos. A familiaridade nos vem numa série de disfarces, que também são chamados de engodos do ego. Portanto, é bom conhecê-los todos. Ainda estou tomando conhecimento dos meus. Contudo, o que de fato temos de aprender é conhecer os truques sinuosos, inimigos da integridade, que o ego utiliza.

Ao nos sentarmos em quietude com nossas formas de onda, lentamente poderemos começar a descobrir que coisas são as que estão impedindo que nossas formas de onda permaneçam limpas. Se pudermos começar a lidar com essas coisas, também poderemos fazer algo a respeito delas.

Entretanto, se fosse apenas uma questão de observar e de ficarmos sentados em silêncio com nossas formas de onda, é provável que não consigamos ir muito longe. Poderíamos ficar sentados para sempre, preocupando-nos conosco mesmos. É por isso que é tão importante passar para o próximo estágio da limpeza, o que é chamado de auto-estima e de auto-aceitação.

Enquanto você está sentado ali observando o seu material, não há dúvida de que parte dele irá mexer muito com você. Algumas vezes você fica sentado ali, pensando repetidas vezes: "Realmente, sou um imprestável, um sujo, um bastardo sem valor." Ora, o que você tem de manter em mente é que é isso mesmo que o ego quer que você pense. Se conseguir que pense desta maneira, ele o terá de fato preso num terrível curto-circuito.

É nesse instante que o maior antídoto contra a estática adesiva entra em ação: auto-estima e completa auto-aceitação. Se não nos amarmos e não nos aceitarmos exatamente pelo que somos, ninguém mais o fará. Esta é a parte em que nos perdoamos por todas as nossas imperfeições. Pode ser que os seus dedos sejam gordos demais. Que seja um alcoólatra. Que nunca tenha conseguido livrar-se do excesso de peso adquirido ao dar à luz o último filho. E daí?

O que temos de nos lembrar é isto: as imperfeições são como as manchas e as inclusões num cristal. São essas manchas e inclusões que dão ao cristal o seu caráter. Se deixarmos nossos cristais expostos ao sol, com o tempo essas manchas se transformarão em luzes coloridas iridescentes. Acontece o mesmo quando nos sentamos quietos com as nossas formas de onda e amamos e aceitamos a nós mesmos completamente. Nosso estado de atenção e nossa auto-estima são como o sol; as cores são a radiância da descoberta e da memória que advêm de conhecer, de amar e de aceitar completamente a nós mesmos.

Agora vem o movimento mais radical de todos: recuperar o nosso poder. Isto acontece, como tudo o mais, de modo gradual. Ficamos polindo todo o tempo. Mas a recuperação do nosso poder acontece no calor da ação. Sabemos onde estão os nossos bloqueios. Estamos no meio de alguma coisa e eis que deparamos com um bloqueio estático. Nesse estado de atenção permanecemos no círculo da nossa verdade.

A nossa verdade é a soma das nossas imperfeições e o modo como elas nos dão as nossas únicas perspectivas. Nossas perspectivas definem as nossas escolhas pessoais. A opção pode ser cobrir e esconder, ou dar brilho em nossas verdades individuais. O círculo da verdade é a divisa de cada uma de nossas formas de onda únicas. Vamos dar o polimento agora. Saltemos. Recuperemos o nosso poder! Numa situação em que estivemos dizendo "não" durante toda a nossa vida, agora diremos "sim"! Façamos isso de forma limpa – não deixemos nenhum resíduo inútil para trás. Agora estamos surfando na onda, e o vento em nosso rosto é a lembrança da nossa integridade voltando para nós em toda a sua inocência.

Fazer tudo isto, que é a essência do Zen da forma de onda pura, é responsabilidade nossa. Trata-se do caminho individual para restaurar nossa integridade. Trata-se do meio mais direto para abrir nossos circuitos Zuvuya, para estabelecer diálogos claros com nossos duplos dimensionais e para começar a ter acesso a todas essas memórias galácticas e dos atlantes. Acima de tudo, ter formas de onda limpas é ter circuitos de memória galáctica felizes. Não vamos querer perder tudo isto!

Ora, embora seja responsabilidade nossa passar essas flanelas de polimento sobre nossas formas de onda, não podemos fazer tudo isso sozinhos. Precisamos de amigos. Precisamos de nossos irmãos e irmãs que estão fazendo a mesma coisa. É por isso que a TA, os Terráqueos Anônimos vieram à cena.

Na TA, admitimos diante dos outros o nosso desamparo quanto aos nossos hábitos criadores de estática. Partilhamos nossos discernimentos e nossas revelações. Aprendemos com os outros. E afirmamos nossas intenções no sentido de manter nossa integridade, ao nos identificar com as nossas formas de onda, ao ficar com as nossas verdades e ao readquirir o nosso poder.

Trata-se de eliminar a *arrogância* que nasce junto com o fato de sermos humanos e de nos identificarmos durante todo o tempo com instituições humanas que nos tiram o poder. Em vez disso, afirmamos que somos *terráqueos*. Isto é muito importante. Tio Joe diz: "Se vocês, tortas de barro, cortassem toda a tolice humana presunçosa e compreendessem que em primeiro lugar são terráqueos, com certeza poderiam planar e voar como os pássaros que circulam nos canais de suas próprias verdades!"

Quando nos identificamos com nossas formas de onda e entendemos que nossas formas de onda são da Terra, nos sintonizamos com a Terra e com a intenção evolutiva mais elevada da Terra.

Participar de um grupo de Terráqueos Anônimos (pode dar-lhes o nome que quiser) é o primeiro estágio na campanha de limpeza, a Campanha em favor da Terra. Encare esse fato. Se a Terra está passando por uma purificação, precisando livrar-se de seus danos tóxicos, e se quisermos ajudar, não haveria bem nenhum a não ser que façamos tudo o que pudermos para limpar nossas próprias ações, não deixando nossos próprios refugos tóxicos – aqueles horríveis filamentos de estática adesiva – atrás de nós.

Na medida em que nos reunirmos com outros "terráqueos limpos" chegamos à parte do processo referente à Associação de Energia da Terra de Cristal para o Aperfeiçoamento do Lar. Esta é a parte em que começamos a formar os triângulos para testar nossos recursos, para nos sintonizarmos com outros segmentos da Associação para o Aperfeiçoamento do Lar, e para ver que tipo de movimentos disponíveis há para fazermos.

Através da TA e da Associação para o Aperfeiçoamento do Lar obtemos outro bônus. Tornamo-nos *On-Timers** ou OTs. Qualquer maia que vale o sal que come é um OT, quer seja homem quer seja mulher, é um *On-Timer*. Qualquer forma limpa de onda (que é o mesmo que um maia ou um surfista do Zuvuya) é um OT. Como vem a ser isto?

Quando estamos completamente identificados com nossas formas de onda, estamos em sintonia – na hora certa – com nós mesmos. Não temos curtos-circuitos; portanto, estamos ajustados ao tempo da realidade. Então, se tivermos uma ou mais outras formas de onda limpas, contatamos verticalmente o Grande Circuito, o Zuvuya, que nos leva à Grande Central, Hunab Ku. Nesse caso, nós e os nossos amigos estaremos a caminho de nos tornarmos OTs da Grande Central. Essa é quente. Nosso planeta gosta disso. Você pode ver porque o Zen também é um acrônimo maia: o Zuvuya é uma força!

"Pode apostar, José", era o tio Joe outra vez. "Os OTs estão sempre na crista da onda, o grande agora. Não se pode surfar para trás numa onda. Apenas se pode percorrê-la sincronicamente em várias direções. Isso é suave! Isso é radical! Isso é. . . ter estilo!" Com uma gargalhada, tio Joe se foi, deixando um bafejo de espuma do mar e uma névoa de discernimento pairando sobre a minha forma de onda.

Tio Joe está certo sobre essa coisa que denominamos sincronicidade. Ela é a crista da grande onda, a conexão cósmica, a estação de rádio interdimensional. É o borrifo do raio galáctico que nos convida a nos sintonizarmos verticalmente e a surfarmos nosso caminho para a jornada evolutiva tornando-nos. . . guerreiros do Zuvuya!

* *On-Timer* é o mesmo que "o que trabalha cronometricamente" (N.T.).

8

OS GUERREIROS DO ZUVUYA, OU TRAZENDO TUDO PARA CASA

"Guerreiros do Zuvuya surfando no raio, pegando uma onda de 25 anos que atingirá a orla da praia evolutiva em 2012. Terráqueos limpos reunindo seus clãs, formando suas tribos, voltando ao jardim, passando o tempo – fazendo o quê?" Era de novo o tio Joe. Ele estava de volta dentro da minha cabeça, imitando-me. "E aí, garoto da retórica, me diga uma coisa, como é que você vai dar o recado?"

"Tio Joe!", chamei, um tanto surpreso. "Como tem passado? Senti uma espécie de vazio sem você, mas até que deu tudo certo. Cultivando o meu jardim, como sabe."

"Observei tudo isso. Do meu lado, as coisas têm estado bastante tranqüilas também. Isso me deu tempo para prestar atenção a umas coisas *especiais* lá em cima."

"A que tipo *especial* de coisas lá de cima se refere, tio Joe?"

"Veja, no nosso último encontro de Graduados no Poder mais Elevado, Nível AA na Midway Station, tivemos a visita de alguns dos Escoteiros Galácticos, a Guarda Avançada, como eles mesmos se denominam. Eles representam o Posto Exterior 144 de Arcturus. Sabe quem faz parte deste grupo? Pacal Votan!"

"Brincadeira, tio Joe! Pacal Votan?"

"Pode apostar, rapaz: Pacal Votan! Eu não devia lhe contar isto, mas. . . Não, melhor não."

"Contar-me o que, tio Joe?"

"Apenas o fato de eles terem mencionado o seu nome. Alguma coisa sobre. . . observar o seu temperamento, de não ser tão impaciente."

Observei os saltos mortais de minhas emoções enquanto tio Joe falava. Mas o que eu podia esperar? Até o ponto em que eu observara toda essa selvageria, notei que qualquer sensação de auto-importância sempre é derrotada. Como eu poderia ser uma exceção?

"Você é ótimo nisso, hem, meu irmão?"

"É claro, tio Joe, afinal eu sou um terráqueo debutante. O que mais você aprendeu? Mas me conte sobre o Posto Exterior 144 dos Escoteiros Galácticos de Arcturus. O que eles pretendem?"

"Naturalmente, eles estiveram monitorando tudo bem de perto. Detalhes minuciosos não escaparam à atenção deles. Como é natural, os maias receberam o principal crédito em tudo isso. Afinal, foram eles que se estabeleceram neste planeta considerando-o um importante projeto de engenharia. Eles quiseram assegurar-se de que o plano será bem-sucedido e que o projeto de fato dará lucros em 2012 – para eles, o Baktun 13. Para eles, então, será a época da colonização principal. Até agora aqui apenas mantiveram um posto avançado."

"Colonização principal, tio Joe? Isso me parece pretensioso. Não sei se as pessoas aqui estarão dispostas a isso."

"Os Escoteiros estão cientes disso. Mas não é como parece ou como você pensa que é. Veja: ser maia é ser natural. Significa viver de acordo com os ciclos. Quando você está verdadeiramente sintonizado com os ciclos e vive segundo eles – os ciclos do sol, da lua, da rotação dos planetas, das marés – você não está em disputa. Está na verdade, surfando no Zuvuya, fluindo com a onda e, ao mesmo tempo, pelo fato de estar realmente fluindo com a onda, você já está além dela. E vai além da onda porque, ao estar sintonizado com o ciclo universal, descobre o segredo de todos os ciclos. E isso significa intemporalidade. Imortalidade. Ora, *esse* é o grande tempo!"

Depois de uma breve pausa, tio Joe começou a assobiar, acabando por cantar uma pequena canção: "*Up, down, all around, there is nothing to be found*!"

"Linda canção, tio Joe", respondi, divertido com esse extravasamento.

"Lembre-se de que ser um maia é ser um mestre da ilusão. Percebe o que eu quero dizer?"

"Claro, tio Joe. Portanto, qual a opinião deles sobre as coisas agora? Qual é o prognóstico pós-Convergência Harmônica?"

"Eles estão preocupados. Muito preocupados. Estão pensando se não fizeram um mau negócio de atacadistas evolutivos. O lote genético é mau. Vocês humanos estão levando para eles um caso de botulismo interdimensional. Vocês não conseguem acabar com as guerras, com a máfia das drogas e com as manipulações econômicas para manter uma quadrilha de assassinos que mantêm o mundo em estado de terror. Opressão, injustiça e corrupção – é ao que vocês chegaram com a civilização, com a vida moderna de vocês! Tudo está poluído pela poluição química do ego! A civilização pode estar num processo de desaparecimento. No entanto, os efeitos posteriores. . . pode-se dizer que podem ser sentidos desde aqui até o Reino dos Céus! Eles ainda estão cogitando se não deveriam fazer de repente uma grande liquidação e livrar-se de todo o resto de vocês."

"O quê? Isso me parece mesquinho, tio Joe. Pensei que lá em cima eles fossem evoluídos."

"Mas é claro que são evoluídos. Mas eles também têm coisas a executar. Compreenda: este é um dos problemas que vocês têm na terceira dimensão. Vocês acham que tudo o que não faz parte do mundo de vocês tem de ser perfeito. Isso é o resultado de não aceitarem as próprias imperfeições. E do fato de viverem unidimensionalmente demais." Tio Joe fez uma pausa. Depois da sua última viagem à AA Midway Station, ele parecia estar mais sabido do que nunca.

E continuou, da mesma maneira ponderada:

"Mas essa é a raiz da preocupação dos maias. Vocês humanos estão de tal modo mergulhados na terceira dimensão – esse é o materialismo de vocês – que eles não sabem se conseguirão salvá-los disso. E mesmo que vocês pudessem "se salvar", eles duvidam que teriam cérebro para limpar a confusão que vocês fizeram ao viver de modo tão unidimensional. Além de terem de acordar e fazer uma limpeza, vocês também terão de sintonizar-se com o programa evolutivo. Lembre-se: o objetivo desta parte do jogo evolutivo é ser interdimensional!

"Não brinque, tio Joe! Esse é um programa grande demais para ser desenvolvido em 25 anos."

"É. Por certo que é. Mas você deve estar preparando algo com essa coisa de Guerreiros do Zuvuya."

"Ah sim, tio Joe?", respondi feliz por ter conseguido finalmente um elogio. "E o que poderá ser?"

"Não fique tão excitado. Eu disse que você está preparando algo. Não disse que já tem a resposta. Mas ouça, você é suficientemente esperto. Você conseguirá."

"Não me chateie, tio Joe. Sabemos que não nos resta muito tempo; portanto, conte-me o que é."

"Pois bem. Os seus Guerreiros do Zuvuya, imagino que seja este o termo que usa para denominar o seu batalhão de craques, os surfistas que estão na frente da Campanha em favor da Terra; pois bem, ao que parece eles são aqueles que os Escoteiros Galácticos estão procurando. Compreenda, os Escoteiros Galácticos também têm o seu plano. Estão à procura de Terráqueos dispostos a participar do Jardim de Infância dos Escoteiros Galácticos!"

Jardim da Infância dos Escoteiros Galácticos! Adorei! Na minha mente eu já podia ver o símbolo desse Jardim da Infância pendurado na porta de ligação entre o nosso planeta, a galáxia, e as outras dimensões. Bom, as coisas pareciam estar tomando um rumo interessante.

"E aqui está o plano: Compromisso de Retorno. Eles querem voltar, mas é preciso colonizar primeiro."

"Colonizar?", eu disse, compreendendo que de fato não havíamos cuidado deste assunto ainda.

"Estou sabendo. Como eu disse, a próxima fase da equipe maia de engenharia implica o trabalho de 'colonizar' o planeta. Mas isso não é o que você está pensando. Não se trata de arrebatar terras, ou de um genocídio cultural, ou de qualquer das coisas que vocês humanos vêm esperando que façamos, apesar de vocês já estarem fazendo tudo isso há muito tempo.

"Pense nisto da seguinte forma: sempre que um planeta ultrapassa o estágio atlante – isso compreende o uso correto da vontade, que significa identificar-se com sua própria forma de onda – bem, sempre que um planeta ultrapassa aquela Atlântida final, ele se torna maia. Sim, meu irmão, este é o seu Fator Maia! É por isso que eles ficaram tão interessados no que está ocorrendo por aqui, a Convergência Harmônica e tudo o mais. Há civilização maia adiantada por toda a galáxia. Você não gostaria que o seu planeta se tornasse maia, José? Sabe o que significa tornar-se maia?"

Enquanto tio Joe fazia essa pergunta, pude ver templos piramidais e ouvir ritmos suaves. Mas sabia que havia muito mais. "Não, tio Joe, não sei. Diga-me o que significa tornar-se maia."

"Vou tentar explicar tudo de uma forma bem simples. É mais ou menos assim: existe energia de grupo e mente grupal. Mas ninguém está ali tentando roubar segredos – porque vocês não têm segredos a ocultar! Essa história de secreto é resultado do medo. Portanto, não existe medo. Se não há medo, há amor. Vocês estão todos canalizando amor. E cada um mantém a própria unicidade, só que, desta vez, em sintonia uns com os outros. Não há mais desajustes. E não há mais pobreza, guerra, dor ou desgraça, pois tudo isso provém de um pensamento errôneo do que é a realidade. E o que vocês estarão fazendo todos os dias é harmonizar-se com os demais. Sim, as harmonias sempre eternas e amorosas, o presente-eterno, os harmônicos sempre amorosos. Seus sentidos estarão todos abertos e afinados e vocês estarão se agitando numa interdimensionalidade fantástica!" Tio Joe finalizou a explicação com um floreio em seu *kazoo*.

"Tornar-se maia me parece grande, tio Joe!", respondi entusiasticamente. "Mas voltemos ao tema da colonização."

"O.k., meu caro. Ela funciona assim: vocês primeiro colonizam-se a si mesmos. Fazem isso deixando que os seus duplos dimensionais assumam o comando por vocês. Lembre-se: esses corpos que vocês têm são alugados para a terceira dimensão. São como trajes espaciais. Somos nós, os duplos dimensionais que somos os *verdadeiros* operadores."

Agora eu estava ficando paranóico. Acaso tio Joe estaria tendo uma crise de egocentrismo? Acaso eu teria de entregar outra vez o meu poder pessoal?

"Acalme-se, meu querido", disse tio Joe, lendo o meu pensamento. "Este é o *grande* desafio para os seus controles egóicos tridimensionais, para os seus insignificantes ministros da defesa – hi, hi, hi! Quero dizer que, ou todo aquele treinamento que esteve explicando no último capítulo é real ou essa experiência evolutiva irá engolir os próprios ovos cósmicos estragados que andou botando, e eliminar algo horrível."

"Compreendi, tio Joe, continue."

"Legal, que você e eu possamos ter esses encontros mentais, José. Isso torna mais fácil o meu trabalho. Mas, voltemos ao Compromisso de Retorno. Vamos ter uma idéia clara do quadro. Nos próximos 25 anos, o que irá acontecer é que os humanos terão de liberar o controle e permitir que seus duplos dimensionais assumam aos poucos a posição de operadores, como se estivéssemos controlando máquinas ou algo assim. Exatamente agora, as máquinas estão descontroladas, tentando operar-se a si mesmas. Desse modo isso não funciona.

"É aí que os seus Guerreiros do Zuvuya entram em cena. Eles têm de assumir a liderança. Eles têm de dar o exemplo. Entende o que quero dizer?"

Engoli audivelmente em seco. Eu via tudo bem demais. "Tio Joe, você quer dizer exatamente que você é o meu poder mais elevado e que eu estou me entregando em suas mãos?"

"Você foi bem treinado! Mas isso tampouco é mau! No início, parece amedrontador e fantasmagórico, visto que acreditou por tanto tempo que tudo o que existe é a carne que pode beliscar. Não se trata de tornar-se um zumbi. Mas, com certeza você vai ficar cada vez mais parecido comigo. Acaso não gosta de mim? Eu sou mau, por acaso? Já lhe causei algum problema? Não sou parecido de verdade com a criança que existe dentro de você, que ainda quer viajar de carona através do cosmos, ouvindo *heavy metal* no estilo de Arcturus, vibrando através de suas fibras interdimensionais?"

Tio Joe me pegara aí. Ele conseguira ir direto na verdade dos meus mais profundos desejos. Realmente, eu não podia me queixar dele. Eu só podia me queixar de alguns dos meus próprios acenos de egocentrismo. Mas, até esse ponto, tio Joe nada mais era do que um *arquiteto* para mim.

"O.k., José. Você captou a imagem, tal como uma câmera *instamatic* com *flash*! Se quiser ser um verdadeiro guerreiro do Zuvuya, terá de deixar as coisas por minha conta. Agora. Eu não o obrigarei a assinar um contrato. Mas, entre você e eu, sabemos que ele existe, que é verdadeiro. Você quer prosseguir com a Campanha em favor da Terra; portanto, pelo poder e autoridade da qual estou investido, eu agora o *batizo* de tio Joe Zuvuya!"

"Minha nossa! Agora também sou tio Joe Zuvuya?"

"Não é um grande negócio, José, você pode se chamar como quiser. Mas você e eu sabemos quem é o verdadeiro chefe. Daqui em diante, o seu duplo dimensional é o operador em comando. Se tiver perguntas interdimensionais, basta sintonizar o operador – que sou eu. Você deu o seu verdadeiro e primeiro passo na questão de entregar o controle. Relaxe, homem! Sua mulher ficará completamente ruborizada quando souber disso. Afinal, ela participa da sua vida também, mas você tem sido demasiado orgulhoso para reconhecê-lo."

"O.k! O.k! O.k!, tio Joe. Trato é trato. Estamos entendidos. Afinal, é você que está escrevendo este livro, e não eu. A verdade é a verdade."

"Belo espetáculo, meu filho. *In Lake'ch*, certo, José? Eu sou o outro você. Nada poderia ser mais verdadeiro. A partir de agora, surfaremos juntos durante todo o tempo. Você é um Guerreiro do Zuvuya *bona fide*. Seus circuitos de memória estão bem. Têm o privilégio de ter acesso ao banco de dados galáctico. Você acabou de entrar para o Jardim da Infância dos Escoteiros Galácticos! Parabéns! Você acaba de ser harmonicamente convergido!"

"Harmonicamente convergido. Uau! Obrigado, tio Joe," respondi emocionado. Minha cabeça dava voltas. Eu estava lutando para entender as implicações do que acabava de acontecer.

"Não se preocupe tentando compreender; senão você entra outra vez no jogo do controle", tio Joe interrompeu minha luta interior com esse sábio conselho. "Voltemos aos maias e ao seu Compromisso de Retorno. Você acabou de experimentar o primeiro estágio do tipo de colonização que os maias estão achando que irá pavimentar o caminho para que eles voltem.

"À medida que entregarem o controle e permitirem que seus duplos dimensionais façam as operações, vocês verão que esse materialismo unidimensional é mesmo uma droga, um demolidor da gravidade. E outra coisa que verão é que o trabalho de limpeza pode ser feito como uma forma de esporte interdimensional."

"Esporte interdimensional? Isto é fascinante. O que é isso, afinal?"

"Espere um segundo, companheiro de *surf*. Antes de falar a respeito, há algo que eu preciso lhe dizer: uma mensagem especial de Pacal Votan.

"Você sabe que ele aprecia os seus esforços. Mas a mensagem não tem nada de pessoal. E foi a seguinte: se você for espalhar por aí o assunto sobre os Guerreiros do Zuvuya e sobre os Terráqueos Anônimos, terá de mencionar que o tema é *sagrado*. Que tudo isso é sagrado. Não precisa falar em Deus ou em qualquer religião. Mas terá de afirmar que toda essa atividade é sagrada e que a Terra e todo o Universo são sagrados, ou não valeria a pena fazer nada disso."

"Essa é ótima, tio Joe! Estou com você."

"É isso aí, José! Trata-se de algo sagrado. Você sabe de fato de que se trata?"

"Conte-me, tio Joe."

"É aquela coisa que toca o seu coração, que faz você chorar. É isso e nada mais. Pode dar-lhe nomes fantásticos, o que também é ótimo. Mas no final trata-se apenas do que o surpreende e comove o seu coração e o faz chorar, sem que haja uma boa razão para isso. E não há nada que esteja fora disso, porque é tudo sagrado."

"Acho que entendi, tio Joe." Senti um alívio interior. Tudo ao meu redor estava brilhando com a sua luz especial. Compreendi que a vida é tão mais estranha e muito mais bela do que acreditamos que é.

"O.k., José, saia dessa! Voltemos às coisas práticas. Você estava me questionando sobre o tal esporte interdimensional."

"Isso mesmo. Você estava dizendo que o processo de limpeza pode ser feito na forma de um esporte interdimensional."

"Veja, à medida que as pessoas começarem a compreender que têm duplos dimensionais e se entregarem a eles, chegamos à primeira etapa. Já se trata do esporte interdimensional. As pessoas estarão experimentando a si mesmas e aos outros de um modo diferente. Elas terão recordações diferentes das que tiveram até então. Ultimamente, você tem tido qualquer memória deste tipo?"

"Para dizer-lhe a verdade, sim. Lembrei-me de coisas acontecidas antes do meu nascimento. E de outros planetas."

"É, você tem andado por aí, companheiro de *surf*. De qualquer maneira, o que acontecerá é que as pessoas terão de encarar tudo isso como se fosse um grande jogo, um espetáculo gigantesco. Devem vê-lo como o "Grande Jogo", só que o objetivo desta vez será dar uma volta completa e ir desmanchando tudo que está mal! Destruir as fábricas de morte. Deixar que flores cresçam nos terrenos do parque, que a grama cubra as rodovias. Toda essa enorme civilização industrial se transformou num pesadelo. Seja como for, um ato desse drama está chegando ao fim, pois é tempo de se começar um espetáculo inteiramente novo.

"Quanto antes vocês desmontarem o velho palco industrial, tanto mais depressa darão a volta por cima. É como as luzes que se apagam quando termina um espetáculo e se acendem quando o próximo *show* está para começar. E este espetáculo é seu. Ora, os Guerreiros do Zuvuya, a equipe de jogadores na crista da onda, terão de assumir alguns riscos e mostrar-lhes o que significa dar a volta por cima. Isto é especialmente importante quando a tomada for desligada. . ."

"Quando é que a tomada vai ser desligada?"

"Daqui a uns pares de anos. Tudo se desencadeará e é então que terão de agir juntos de verdade, e mostrar às pessoas que o que está ocorrendo é uma simples reviravolta. É o grande tempo de reciclagem do planeta Terra. Sim, tempo de desmanchar, de dar a volta e de trazer tudo de volta ao lar. . ."

"Trazer tudo de volta ao lar, hem?", respondi. "Isso parece demasiado fácil, tio Joe, e foi você quem me andou acusando de ser um retórico fantasioso. Mas ouça: quem é que vai desligar a tomada?"

"Você está certo, José. Na verdade, não vai ser fácil. No entanto, se você e seus amigos começarem a entrar em ação desde agora, será mais fácil. Ponha os seus círculos de adeptos em movimento, vincule umas às outras as suas Associações de Energia da Terra de Cristal para o Aperfeiçoamento do Lar e apronte-se. Pois quando se verificar que nada está funcionando, quando os valores do dinheiro despencarem e a Terra começar a sofrer com o mau tempo, é então que as Associações para o Aperfeiçoamento do Lar terão de ocupar o centro do palco sob a luz dos refletores.

"Se vocês não estiverem no centro do palco quando a tomada for desligada, vai haver uma porção de pessoas confusas e zangadas. Tal como acontece num barco que se inclina e começa a soçobrar, é melhor você estar ali com os barcos salva-vidas, garoto."

Tio Joe parou de falar. Um vento estranho começara a soprar lá fora. Involuntariamente estremeci. Embora o sol estivesse brilhando, parecia que houvera um eclipse. "E quanto a quem vai desligar a tomada", tio Joe continuou, "digamos que a tomada irá se desligar por si mesma. E talvez não se trate de uma tomada, pode ser algo como um imenso prédio que vai ficando cada vez mais alto e, à medida que fica mais alto também se torna cada vez mais largo. Chega a um ponto em que sua base vai ficando estreita demais; ela é meramente unidimensional e, rachando, o prédio cai inteiro como um castelo de cartas assimétrico que se opõe aos ventos da mudança."

"Entendi o que quer dizer, tio Joe."

"Portanto, quando isso tudo ruir, vocês terão de estar lá fora, os Guerreiros do Zuvuya, surfando acima da tempestade, ou eu deveria dizer, surfando nas ondas da tempestade."

Por um momento, vi a onda com os olhos da imaginação – escura e amedrontadora. Ela já formara a crista e estava prestes a estourar, borbulhante e bravia.

"Você está vendo com clareza, companheiro de *surf*. Essa é a Atlântida descendo, mas desta vez não levará o mundo consigo. Se as pessoas não estão se lembrando da Atlântida em 1989, por certo lembrar-se-ão dela em 1990."

"Contudo, não percamos de vista o toque suave. Este é um daqueles momentos em que tudo o que você terá de continuar é uma canção e uma dança. E isso literalmente. Haverá uma porção de curas a realizar, e vocês, surfistas do Zuvuya, irão estar a postos com as boas-novas. Centro do palco, sim, com o Espetáculo "Grande Círculo Maia da Memória do Tempo – 2012 ou fracasso! Hi, hi, hi! Terão de mostrar às pessoas, terão de tornar bem claro para elas que o espetáculo de vocês é o melhor da cidade. Desta maneira, elas ficarão felizes em partilhar, pois este espetáculo permite *todos* os atos que levam ao grande apogeu interdimensional!

"Agora, ouça com cuidado." Tio Joe mudou o tipo de transmissão, como se fosse contar-me um grande segredo. "Lá em cima os Escoteiros Galácticos mencionaram alguma coisa sobre uma Rede de Arte Planetária que está sendo elaborada para acompanhar o projeto do mergulho na Terra. É como toda essa coisa começará a tomar um novo rumo."

Fiquei intrigado. Em algum lugar dentro de mim sinos tocavam. "Agora estamos falando sobre algo mais positivo, tio Joe. Conte-me mais a respeito."

"Está bem. Em primeiro lugar, vocês, os Guerreiros do Zuvuya, têm de entender que são artistas. Nada fantasioso, mas artistas da vida, artistas da realidade, simplesmente porque harmonizaram as suas formas de onda. Tudo o que está harmonizado é arte. Ora, visto que qualquer um pode muito bem tornar-se uma forma de onda harmonizada, ou desde que a forma de onda de cada um é harmônica para começar, todos são artistas. Esse é um ponto importante.

"Outro ponto de importância é que qualquer pessoa que esteja identificada com sua forma de onda e que a harmonizou, bem, esta também está surfando no Zuvuya e formando uma equipe com seu duplo dimensional. Certo, tio Joe?"

O tratante! Chamando-me de tio Joe. "Espere um momento, tio Joe, você está *me* chamando de tio Joe?"

"Fique frio, garoto. Esse é o jogo agora. *In Lake'ch* – Eu sou um outro você."

"Está certo, camarada surfista", respondi-lhe, meio embriagado com a expansão do meu ser.

Em seguida, tio Joe continuou: "Portanto, o que importa é que qualquer um que tenha harmonizado sua forma de onda tanto *é* um artista como *é* um jogador interdimensional. E, lembre-se, não se iluda com as aparências, mas torne-se um mestre da ilusão. E isso não é nada de especial. É como cada um pode ser e, segundo o roteiro evolutivo, é o modo como todos devem ser. Percebe aonde quero chegar?"

"Claro, meu amigo. É como se a Associação para Aperfeiçoamento do Lar tivesse uma espécie de APT, uma Administração para Projetos de Trabalho, como durante os anos da Depressão; só que desta vez será de alcance mundial e é chamada de Rede de Arte Planetária."

"Agora estamos nos entendendo!", tio Joe respondeu animado. "E desde que o planeta tem de ser limpo e re-harmonizado, não existe nada que não seja arte planetária. Desde o desmantelamento de fábricas poluentes até plantar novas florestas. Desde lembrar-se de todos os meios de barganha, de troca, de doação até o entendimento de como os cristais canalizam o sol. Desde ajudar as pessoas a obter novas imagens da vida até mostrar como tornar-se interdimensionais. Tudo isso é re-sintonizar o corpo e os sentidos para uma harmonia maior!

"E, mais ainda, como eu já disse, isso tem de ser feito junto à Terra, em sintonia com o projeto de mergulho na Terra. Porque, como vê, o que os mergulhadores da Terra estarão fazendo é reativar certos lugares da superfície do planeta. Desta forma, a Terra também se tornará interdimensional. Na verdade, a Terra está pronta a tornar-se interdimensional. Nós podemos ajudá-la. Assim que a Terra tiver se tornado interdimensional – a terceira e a quarta dimensão ao mesmo tempo – isso será algo digno de se ver! Cores do arco-íris por toda parte! Então o resto de nós se tornará interdimensional com mais facilidade.

E se quisermos ficar interdimensionais juntos, haverá uma porção maior de realizações perto dos lugares que estão sendo reativados."

"Compreendo, tio Joe. Quando fala sobre lugares que estão sendo 'reativados', isso será como a Convergência Harmônica, em que pessoas irão a lugares como Stonehenge e Machu Picchu e o Monte da Serpente. Aquela foi como uma pré-estréia sorrateira, hem?"

"Pode apostar, companheiro de *surf*." Tio Joe fez uma pausa. Pude sentir sua energia girando no topo da minha cabeça, descendo até um pouco mais embaixo, dentro de mim. "Reativar significa também que estamos em contato com a energia da Terra, do céu, do sol, da lua e de todas as estrelas de uma só vez. Trata-se outra vez de algo sagrado. O sagrado é verdadeiro. O sagrado é a única coisa verdadeira. E isso é tudo. E lembre-se, tudo é sagrado, desde as unhas dos seus artelhos, desde seu cabelo descorado até a 'colher de pau cósmica' que mantém todo o caldeirão em movimento!"

"Pegue uma onda, tio Joe! Essa é quente! Mas há algo que tenho de saber. Sabemos que a equipe maia de engenharia fez um investimento em tudo isto e que ela está pronta para um Compromisso de Retorno. Contudo, temos de fazer primeiro o nosso trabalho. Diga-me com honestidade: eles acreditam que temos alguma chance de levar a cabo essa Campanha em favor da Terra?"

"Sim, eles acreditam. Mas vocês terão de agir da maneira correta. Até agora, o que desenvolveram está no raio. Mas terá de ser feito com a atitude correta – um jogo equilibrado com o que é sagrado; essa é a maneira de fazê-lo.

"Tome cuidado com quem quer que diga que o seu ambiente é a sede central, pois neste projeto a única sede central é a Terra. E os escritórios centrais da Terra estão lá no centro de cristal por onde estivemos viajando, José. Mais uma coisa. Os Escoteiros Galácticos mencionaram algo sobre a Terra ser o Graal, você sabe, como a busca pelo Graal. A corte do rei Arthur e tudo aquilo.

"Portanto, vocês terão de agir como se se tratasse de uma tarefa sagrada. *É* uma tarefa sagrada. Vocês se tornam guerreiros sagrados. Façam-na pelas crianças e ela sempre será sagrada.

"Isso não significa que não terão alegria. Quem disse isso? Se estiverem totalmente em suas formas de onda, não há nada, a não ser alegria. Mas trata-se de uma tarefa sagrada. O Graal da Terra. Você pode imaginar. Isto tem a ver com surfar no Zuvuya e reativar todas aquelas memórias, certo José?"

Deixei que o silêncio respondesse. Voltei-me profunda e longamente para o meu coração. Eu sabia que teria de me desapegar de qualquer coisa que ainda me segurava. Sabia que, ao largar, não estaria perdendo nada, mas ganhando tudo. Senti que eu estava prestes a começar uma grande aventura. Estava me apegando ao meu nome e a todas as ambições com ele relacionadas. "Desapegue-se", murmurei para mim mesmo. "Desapegue-se e deixe que se expanda."

"Ei, José! Não se torne sentimental! Preciso ir, pois tenho outra reunião. Há algo mais de que precise antes que eu vá embora?"

De repente, compreendi que tio Joe era de fato a minha metade melhor, a minha energia mais elevada. "Sim, operador! Mas há ainda algumas coisas que eu preciso saber."

"Tais como?"

"Bem, acho que compreendi o roteiro bastante bem. No entanto, você mencionou que os Escoteiros Galácticos pretendiam enviar alguns embaixadores galácticos para cá. Quando isso acontecerá novamente?"

"Segundo a Equipe maia de Engenharia, isso ocorrerá por volta de 1992-93. Virão exatamente para examinar como se desenrolou a primeira fase da Campanha em favor da Terra. Nada de especial. Contudo, você terá de preparar as pessoas para esse fato. Elas terão de sintonizar suas redes grupais de tal forma que quando em determinado dia, elas discarem e escutarem do outro lado: 'Alô, atlantes!' É isso mesmo: 'Alô, atlantes!' Isso fará jorrar seus circuitos de amnésia diretamente para fora da água.

"Por outro lado, se vocês estiverem cavalgando corretamente os circuitos do Zuvuya, tudo se resolverá. Os emissários galácticos estarão aqui, prontos, com alguns créditos de cristal solar; portanto, vocês podem digitar no telefone sem fio e ser remetidos para os últimos 20 anos. Ninguém deveria ficar surpreso *demais*. Portanto, por que perguntou? Está inseguro ou algo assim?"

De repente, lá estava ele. O tio Joe Zuvuya, sentado bem na minha frente; sua altura mal atingia quatro polegadas. "Uau!", gritei. "Pensei ter ouvido você dizer que ia embora."

"Farei isto num minuto. Mas queria tornar algo bem claro para você antes de ir. Como seu duplo dimensional, tenho de dizer-lhe que você percorreu um longo caminho. Não poderia ter feito metade das viagens que fiz se não fosse por isso em que está empenhado. Mas você ainda está preocupado." Então tio Joe contorceu suas feições e deu uma longa e firme olhada para mim. "Um último aviso, José. Pare de se preocupar!" Agora tio Joe parecia bastante feroz e gritou comigo de uma maneira como nunca o ouvira gritar antes. "Não se preocupe com nada! Jogue esse seu último vício para fora dessa sua forma de onda vacilante!"

Senti-me arremessado ao âmago do meu ser, diretamente à raiz do meu Kuxan Suum. Tio Joe ainda estava olhando fixamente para mim, penetrando-me com o seu olhar interdimensional.

"Compreenda, José." Sua voz estava suave outra vez, era quase um sussurro. "O que quer que o preocupe, não tem importância. Sua preocupação acaba por afetar a atmosfera do planeta, que é muito sensível. E a atmosfera do planeta não precisa de mais preocupações. Portanto, jogue fora já a sua preocupação!

"Apenas siga o seu caminho, José. Siga o seu caminho e confie. Não procure nada e não faça nada por achar que terá alguma recompensa ao fazê-lo. Faça apenas o que tem de fazer. Tudo irá dar certo. Estamos todos presentes no campo de inteligência do planeta, cada um de nós, sem faltar ninguém. Você terá de estar pronto para as mudanças do planeta, para seus pequenos ajustes. Se estiver preocupado quando o campo de inteligência planetário mudar, você o perderá. Perderá o momento que é para contatar a memória e resgatá-la. E esse pode ser o momento *crítico*!

"Não se iluda, José. Ainda tem um longo caminho pela frente. Mas preocupar-se não o fará chegar mais depressa ao objetivo. E se você cair de sua integridade, especialmente nessa ocasião, não se preocupe! Estar fora da integridade é apenas um sinal para fazê-lo recuperá-la outra vez! Portanto, não desanime. Essa é a reta final! Você e todos os seus companheiros surfistas já têm tudo o de que precisam para surfar.

"E lembre-se disto: seu circuito Zuvuya retrocede – e se adianta – mais do que você. Use boa parte do seu tempo para ficar quieto, de modo a poder ter acesso a essas lembranças.

"E os maias têm estado por aqui tanto tempo quanto o seu circuito Zuvuya. Eles são pacientes. O campo mental deles é vasto. Eles são filhos do Sol. Eles conheceram a Atlântida, não só aqui, mas também em muitos outros planetas e sistemas estelares. Os maias deixaram pistas em vários lugares, inclusive no planeta que vocês chamam de Marte. Sempre que a harmonia for a primeira ordem do dia, os maias estão por perto, observando e cuidando. Harmonia é o seu signo. A harmonia natural da mente com a natureza é o seu caminho, o seu objetivo. Ao sintonizar-se com essa harmonia, você estará na sintonia do comprimento de ondas maia. Todo o dia que amanhece é uma melodia maia, uma corda solar soando num novo acorde galáctico.

"A Convergência Harmônica não representa apenas mais um feriado galáctico dos maias. Foi um despertar no coração das pessoas para o circuito Zuvuya global que nos leva às estrelas, passando pela Terra. O computador central no centro de cristal da Terra está se preparando para o próximo programa-mestre da Grande Central, Hunab Ku. Não duvide de nada disto, José. Elimine essa palavra dúvida. E não caia nessa de que as pessoas precisam de um messias ou de um herói. Essa é uma armação para torná-lo um homem-alvo na galeria de tiro. Neste espetáculo, cada um terá de ser o seu próprio herói ou heroína. Faça com que as Associações de Energia da Terra de Cristal para o Aperfeiçoamento do Lar acionem a própria rede de computação e se sintonizem com o computador central da Terra, e nada poderá detê-lo."

Antes que eu pudesse dizer: "Uau, tio Joe, você foi eloqüente!", ele se fora. Tudo o que sobrou foi a imagem persistente de sua pluma de cabelo iridescente esvoaçando umas poucas polegadas acima de mim. Eu podia sentir o pequeno ser interdimensional voando na direção da Arcturus-Antares Midway Station, seu refúgio predileto, para outro encontro de doze etapas.

Na mesa, perto de mim, estava um dos meus remédios terrenos favoritos, um pequeno cristal de ametista. Olhei intensa e longamente para seus profundos espaços interiores, sua nuvem rodopiante de bancos de dados com informação intemporal, suas radiantes chamas de luz iridescente. Também o cristal falou comigo.

"Ó irmão, estou tão próximo de você como estou próximo das estrelas. Sou a voz da Terra. Sou o microfone do seu coração. Sou o espelho da sua confiança. Não se separe de sua forma de onda. Sempre fale a partir do círculo da sua verdade. A experiência é o seu único guia. Não duvide dela. A história que contou não é uma elaboração inútil. Seja sempre gentil consigo mesmo e mantenha o pensamento do bem-

-estar dos outros diante de você como uma estrela que o conduz sempre adiante."

Com essas palavras ecoando no meu coração, me levantei e fui até a porta. Era hora de sair. Hora de respirar ar puro. Lá fora, sob o grande dossel de estrelas, na friagem que antecede a aurora, soube que era hora. . . de retornar à Terra.

2 LAMAT 14 MAC ABRIL 6, 1988
Ano Setentrional 8 IX
Ano dos Magos da Harmonia

EPÍLOGO

Merlin
Uma canção da Terra de Cristal

Merlin
Vidente noturno
Que escreve o roteiro de cristal
cuja roupa espectral
é a escadaria de filamentos em espiral
por onde descem os 13 raios galácticos
para o lago subterrâneo de Camelot
onde fragmentos do único sonho indizível
giram em luminosa auto-absorção
emitindo estranhas cargas elétricas
atraindo umas às outras
as próprias origens esquecidas.

Merlin
rendendo-me a você
seguindo-o
cheguei por fim
ao ponto mais profundo do seu reino
o âmago da Terra
que também
é o aposento de fuga
do enorme navio de cristal
Excalibur
E lá

no Templo
chamado de Refúgio do Dragão e do Graal
Os aprendizes de Merlin
Andor, o guerreiro com inteligência de dragão
e Vi-El, a princesa tecelã do Graal vinda de uma estrela distante
Agita o caldeirão do amor incondicional
Não é uma mistura comum
e, ainda assim, esta infusão
pulsando com harmonia
de todas as estrelas que alguma vez chamamos de lar
borbulha e se infiltra através
dos orifícios que ligam o grande corpo-alma coletivo
desta querida Terra
com suas miríades de corpos de sonho individuais
nós mesmos
agora apanhados em nossas posturas
de agressão, conflito e confusão

"Misturem! Misturem! Misturem!"
Merlin grita
"Certifiquem-se de que a receita está correta
Misture nela a fórmula
que se gravará nos sonhadores
como a alquimia do amor
e o desejo pela magia
como um cerimonial
na medida em que o sol é puro!
Misturem! Misturem! Misturem!"

Esta Terra está doendo – rompendo-se – abalada
seu corpo de sonho, o dragão inquieto por emergir
contrai-se na beira do conhecido
esperando por aquele momento maduro
a fim de aparecer em toda a sua maravilha de arco-íris
Ó vocês, aprendizes do quarto cristalino da fuga
de Excalibur
Refúgio do Dragão e do Graal,

Andor e Vi-El
Eu os chamo do meu sono
em benefício de todos os sonhadores
deste planeta
mexam bem a poção
para que o Graal possa aparecer
de dentro da cauda
enrolada do dragão
seus bancos de nuvens
explodindo de luz nunca antes vista
por olhos carnais

Ó Merlin
das rochas dos reinos das ilhas longínquas da Terra
apareçam simultaneamente
em todas suas formas cambiantes
falando a aurora
escrevendo o poder do sonho
com sua escrita de cristal
agora
eu os chamo
agora
para lançar seu encantamento pan-harmônico
para acordar todos os sonhadores
e deter sua marcha
através desse inferno vivo
Ó Andor e Vi-El
preparem com prazer
a poção que devolve
toda a memória
pois agora preciso acordar inteiro
dentro do sonho maior
ou não acordar jamais.

recebido 3 Cib 2 Mac, Março 25, 1988
transcrito 6 Cauac 5 Mac, Março 28, 1988
pelo fiel servidor do Zuvuya
Tio Joe.

Oração das Sete Direções Galácticas

Da Casa da Luz Oriental
Possa a sabedoria despertar em nós
Para que possamos ver todas as coisas com clareza.

Da Casa da Noite Setentrional
Possa a sabedoria amadurecer em nós
Para que possamos conhecer tudo a partir de dentro.

Da Casa da Transformação Ocidental
Possa a sabedoria ser transformada em ação correta
Para que possamos fazer o que é necessário.

Da Casa do Sol Eterno Meridional
Possa a ação correta dar boa colheita
Para que possamos aproveitar os frutos do ser planetário.

Do Alto da Casa Celestial
Onde o povo das estrelas e os ancestrais repousam
Possam suas bênçãos recair sobre nós agora.

De baixo, da Casa Terrena
Possa a batida cardíaca do seu âmago de cristal
Abençoar-nos com harmonias que acabem com todas as guerras.

Do Centro da Origem Galáctica
que está em todo lugar de uma só vez
Possa tudo ser conhecido como a luz do amor recíproco.

OH YUM HUNAB KU
EVAM MAYA E MA HO!

Agradecimentos

Os Surfistas do Zuvuya é um livro que nasceu nas águas turbulentas do nosso tempo. Agradecer a todas essas pessoas e forças que contribuíram para o seu nascimento é reconhecer a interdependência de tudo neste planeta e neste tempo, bem como aquelas forças galácticas que atualmente se defrontam com a nossa existência planetária. Isso é suficientemente cósmico, mas é isto mesmo o que quero dizer – tal como tio Joe!

Mas, ser cósmico, no estilo-Zuvuya, é ser parente próximo. É àquelas pessoas que vivem perto da minha casa, meus parentes e vizinhos, o povo de fala simples, que este livro deve a sua existência. Originalmente, antes da morte do meu filho Josh, eu ia dedicá-lo à minha irmã mais velha, Laurita, e ao meu irmão gêmeo, Ivan, pelo amor que me demonstraram ao longo dos anos. Especialmente minha irmã precisa de reconhecimento pela inspiração ímpar que me ofereceu durante e imediatamente após a Convergência Harmônica. Foi por causa dela que eu soube que desejava escrever algo que lhe falasse ao coração.

Quer tenha tido êxito ou não em escrever algo que se aproxime da linguagem da minha irmã, sei que as vozes dos amigos de Josh, Dylan, Joe, Kell, Scotty, Surrey, Matt e Blaine, entre outros – podem ser ouvidas nas páginas deste livro e eu agradeço por toda a sua inspiração e apoio. E há também a irmã de Josh, minha filha Tara, um espírito verdadeiramente guerreiro, cujo exemplo, e cujas amigas, também estão rindo nas páginas deste livro. Também devo agradecimentos aos meus enteados, Paul e Heidi, por sua compreensão sábia e suas soluções brilhantes.

Um lugar todo especial vai para minha esposa, Lloydine, harmonizadora da energia através de Jin Shin Jyutsu, cujo amoroso apoio, intimidade e disposição para dar sempre o passo seguinte me mantiveram nada mais do que ereto! A mãe de Lloydine, Maya, também deve ser mencionada pelo seu inquebrantável entusiasmo em relação ao meu trabalho e pela sua prontidão para ler as primeiras provas de *Os Surfistas do Zuvuya*.

Há ainda todos aqueles que estão próximos de mim, meus vizinhos e amigos, que demonstraram tanto apoio e gentileza amável durante a época difícil que acompanhou a escrita deste livro. Isso inclui aquele geomante especialista e coiote da New Age, Gary Raper, que é tão sábio como poderíamos desejar que um amigo fosse. Laura Olsen, cujo aniversário cai no mesmo dia do da minha irmã e cuja gentileza sempre me foi oferecida sem que eu a pedisse. Harry e Lyn Loy, belos e ousados surfistas que cruzam para além da fronteira do conhecido, junto com suas fantásticas gêmeas surfistas, Sara e Jenna; e Russ e Lyn McDougal, artistas da vida que bebem o vinho da alegria indizível.

Outras vozes e talentos a serem reconhecidos são aqueles dos meus amigos de Santa Fé, muito especialmente Dee Treadwell, cujo crânio foi tocado pelas turmas de reconstruções da memória galáctica, tanto para seu bem como para o meu, e sua sensível e poderosa companheira de equipe, Linda Childers. E agradeço a Jamie Sams, selvagem sacerdotisa lupina druida do Texas. Menciono especialmente seu extraordinário apoio editorial para *Os Surfistas* – e o fato de "cozinhar" cosmicamente em todos os níveis e fogões.

Também em Santa Fé está o clã de editores conhecido por Bear & Co. Em Gerry Clow, o editor, estou descobrindo não só um sensível homem de negócios, mas também um irmão aquariano visionário – nosso caminho e nossa jornada mal começaram. Agradeço a Barbara Clow, outra visionária aquariana. Devo profunda gratidão por sua experiência editorial, seus discernimentos profundamente intuitivos e seu persistente apoio. Gail Vivino é reconhecida pela clareza de suas instruções em relação à editoração final, ajudando a trazer à tona toda a integridade artística do livro. Finalmente, gostaria de agradecer a amizade, o carinho e a criatividade de toda a equipe da Bear & Co; sua gentileza e sua presteza para servir são exemplares.

Sobre o Autor

Artista, poeta, historiador visionário e harmonizador cósmico, o dr. José Argüelles é reconhecido como um porta-voz eloqüente dos princípios da arte como um estado de luta desperta e do papel da arte como um agente dinâmico de transformação planetária. Sua obra-prima de análise sincrônica, *O Fator Maia*, demonstra o código harmônico profético da antiga civilização maia e inicia as celebrações da Convergência Harmônica de alcance mundial relativa à mudança de consciência em agosto de 1987.

Argüelles foi o fundador do Primeiro Festival Mundial da Terra. Como um ativista de arte transformacional, ele continuou até descobrir a Estrutura Artística do Planeta em 1983, como um instrumento visionário para a mudança artística global. Desde 1983, Argüelles e sua mulher, Lloydine, têm viajado promovendo "A Arte como uma fundação para a Paz Global".

Argüelles tem um Ph.D. em história da arte pela Universidade de Chicago. Como educador, professor universitário, poeta, crítico de arte e filósofo, seu trabalho apareceu em muitos jornais de arte, de filosofia e de pensamento de vanguarda. Seus livros incluem: *Mandala* (em co-autoria com Miriam T. Argüelles); *The Transformative Vision: Reflections on the Nature and History of Human Expression; The Mayan Factor; Path Beyond Technology* e *Earth Ascending: An Illustrated Treatise on the Law governing Whole Systems*. Atualmente, o dr. Argüelles é coordenador do programa de artes criativas na Union Graduate School de Cincinnati.

O GÊNESIS E O BIG BANG

A Descoberta da Harmonia entre a Ciência Moderna e a Bíblia

Gerald L. Schroeder

O mês de abril de 1992 ficará registrado na história da astrofísica como a data em que foram captados pela primeira vez dados que confirmam a tese da Grande Explosão inicial que deu origem ao Universo, o Big Bang.

Qualificadas por Stephen Hawking – um dos mais conhecidos e respeitados físicos da atualidade – como "a maior descoberta do século, se não a maior de todos os tempos", as ondulações captadas pelo satélite CODE, da NASA, tiveram ressonância não apenas nos círculos dos cientistas, mas reacenderam o eterno debate entre Ciência e Religião.

Contudo, segundo o autor de *O Gênesis e o Big Bang*, "um entendimento da física e da tradição bíblica mostra que, em lugar de se contradizerem, os capítulos iniciais do livro do Gênesis e as descobertas da cosmologia moderna corroboram-se mutuamente".

Empenhado em "decifrar se há, de fato, um propósito para a nossa existência e talvez até descobrir qual possa ser esse propósito", e perfeitamente ciente das controvérsias que o resultado de suas pesquisas iriam provocar, o autor prova que a Bíblia "é também uma fonte válida de conhecimento cosmológico", e que "as descobertas da cosmologia constituem valiosa ajuda para o entendimento da Bíblia".

* * *

O autor, Gerald L. Schroeder, além de teólogo, é físico formado pelo Massachusetts Institute of Technology. Reside em Jerusalém e tem viajado pelo mundo todo na qualidade de conferencista e consultor. Suas pesquisas receberam destaque na imprensa mundial, em especial no *Newsweek*, no *The Jerusalem Post* e em inúmeras publicações acadêmicas.

EDITORA CULTRIX

O TAO DA FÍSICA

Um Paralelo Entre a Física Moderna e o Misticismo Oriental

Fritjof Capra

Este livro analisa as semelhanças — notadas recentemente, mas ainda não discutidas em toda a sua profundidade — entre os conceitos fundamentais subjacentes à física moderna e as idéias básicas do misticismo oriental. Com base em gráficos e em fotografias, o autor explica de maneira concisa as teorias da física atômica e subatômica, a teoria da relatividade e a astrofísica, de modo a incluir as mais recentes pesquisas, e relata a visão de um mundo que emerge dessas teorias para as tradições místicas do Hinduísmo, do Budismo, do Taoísmo, do Zen e do I Ching.

O autor, que é pesquisador e conferencista experiente, tem o dom notável de explicar os conceitos da física em linguagem acessível aos leigos. Ele transporta o leitor, numa viagem fascinante, ao mundo dos átomos e de seus componentes, obrigando-o quase a se interessar pelo que está lendo. De seu texto, surge o quadro do mundo material não como uma máquina composta de uma infinidade de objetos, mas como um todo harmonioso e "orgânico", cujas partes são determinadas pelas suas correlações. O universo físico moderno, bem como a mística oriental, estão envolvidos numa contínua dança cósmica, formando um sistema de componentes inseparáveis, correlacionados e em constante movimento, do qual o observador é parte integrante. Tal sistema reflete a realidade do mundo da percepção sensorial, que envolve espaços de dimensões mais elevadas e transcende a linguagem corrente e o raciocínio lógico.

Desde que obteve seu doutorado em física, na Universidade de Viena, em 1966, Fritjof Capra vem realizando pesquisas teóricas sobre física de alta energia em várias Universidades, como as de Paris, Califórnia, Santa Cruz, Stanford, e no Imperial College, de Londres. Além de seus escritos sobre pesquisa técnica, escreveu vários artigos sobre as relações da física moderna com o misticismo oriental e realizou inúmeras palestras sobre o assunto, na Inglaterra e nos Estados Unidos. Atualmente, leciona na Universidade da Califórnia em Berkeley.

A presente edição vem acrescida de um novo capítulo do autor sobre a física subatômica, em reforço às idéias por ele defendidas neste livro.

EDITORA CULTRIX

ESPAÇO, TEMPO E ALÉM

Bob Toben e *Fred Wolf*

Sabe-se que muitas teorias da física moderna apontam para uma visão da realidade muito parecida com as do taoísmo e do budismo. Além disso, a maneira como a mecânica quântica reconhece que a consciência do observador está ligada aos fenômenos observados só tem paralelo na evidência científica dos fenômenos paranormais. No entanto, mesmo quando suas teorias não são meramente especulativas, os físicos evitam, com maior cuidado, afirmar que elas dão explicações gerais sobre a realidade. Para eles, elas apenas funcionam matematicamente, explicando *localmente* certos fatos.

O que os autores de *Espaço, Tempo e Além* fazem é apresentar a visão que se teria do mundo se a física pusesse de lado essas barreiras da prudência. Com isso eles controem uma visão alucinante do universo, onde a física assume o fascínio dos relatos mágicos e as explicações sobre a natureza da matéria ficam parecendo cosmogonais de alguma civilização extraterrestre. Suas pretensões, no entanto, não são nada sensacionalistas, nem constituem um esforço que se apele para o exagero a fim de divulgar, numa linguagem acessível, as idéias atuais da física, como se poderia concluir do estilo das ilustrações. Aliás, esse estilo pode enganar o leitor, pois a base teórica dessas idéias é rigorosamente preservada, embora seu lado especulativo, que os físicos preferem deixar na sombra, assuma aqui a importância de um guia de leitura extremamente sugestiva, em parte pela linguagem aforística e, às vezes, quase oracular que o autor emprega. Seu propósito é justificado mesmo perante os físicos: a "física visionária", como ele a batiza, seria mais uma "forma de arte" que outra coisa, dirigida principalmente à imaginação criadora, e capaz de fecundá-la com novas idéias.

Tanto os físicos como os leigos têm muito a lucrar seguindo esta aventura de ver o que acontece quando a física dá asas à imaginação e se metamorfoseia em mitologia. Este é, sem dúvida, um livro recomendável a todos os que tenham pelo menos um mínimo de inquietação sobre questões científicas fundamentais, mas ainda sitiadas pelos preconceitos, como a da consciência, a dos fenômenos paranormais, a da natureza da matéria, etc.

NEWTON ROBERVAL EICHEMBERG

EDITORA CULTRIX